CASTROCHAVISMO

CARLOS SÁNCHEZ BERZAÍN

CASTROCHAVISMO

Crime organizado nas Américas

EDITORA HÁBITO
Avenida Recife, 841 — Jardim Santo Afonso — Guarulhos, SP
CEP 07215-030 — Tel.: 0 xx 11 2379-1019
contato@editorahabito.com.br — www.editorahabito.com.br
/editorahabito @editorahabito

CASTROCHAVISMO: CRIME ORGANIZADO NAS AMÉRICAS

Originalmente publicado em espanhol sob o título:
Castrochavismo: crimen organizado de las Américas.
Publicado com autorização contratual. Original publicado
em espanhol por InterAmerican Institute for Democracy.

Todas as citações foram adaptadas segundo o Acordo Ortográfico da Língua Portuguesa, assinado em 1990, em vigor desde janeiro de 2009.

Todos os grifos são do autor.

Editor responsável: Gisele Romão da Cruz
Editor-assistente: Amanda Santos e Aline Lisboa
Tradução: Sandra Martha Dolinsky
Revisão de tradução: Andrea Filatro
Revisão de provas: Elaine Azevedo
Projeto gráfico e diagramação: Claudia Fatel Lino
Capa: Arte Hábito

1. edição: maio 2022

Dados Internacionais de Catalogação na Publicação (CIP)
(Câmara Brasileira do Livro, SP, Brasil)

Berzaín, Carlos Sánchez
Castrochavismo : crime organizado nas Américas / Carlos Sánchez Berzaín; [tradução Sandra Martha Dolinsky]. -- 1. ed. -- São Paulo : Editora Hábito, 2022.

Título original : Castrochavismo
ISBN: 978-65-84795-08-2
e-ISBN: 978-65-84795-09-9

1. Américas - História 2. Crime organizado 3. Crimes - Américas - história 4. Poder (Ciências sociais) 5. Política militar I. Título.

22-106613 CDD-323.097

Índices para catálogo sistemático:
1. Américas : Crime organizado : Ciências políticas 323.097
Maria Alice Ferreira - Bibliotecária - CRB-8/7964

Aos perseguidos, presos e exilados políticos, às famílias dos assassinados e de todas as vítimas da delinquência organizada transnacional que é o "castrochavismo", com a promessa de que haverá justiça e de que a impunidade acabará.

SUMÁRIO

CUBA

VENEZUELA

BOLÍVIA

PRÓLOGO

INTENSIDADE E COMPROMISSO

MANUEL AGUILERA

Havana Post

Pelo céu de Miami sobrevoam muitos estereótipos. Essa é a razão pela qual, quando cheguei à cidade – há mais de uma década – procedente de Madri, nunca pensei que poderia conhecer o autor deste livro, Carlos Sánchez Berzaín, e me gabar de sua amizade. Eu gostava da definição do célebre ex-prefeito Tomás Regalado: "Miami é a cidade da América Latina mais perto dos EUA". E logo recebi o convite para continuar fazendo por aqui a única coisa em que me saio bem e com o que ganho a vida desde a juventude: o jornalismo. Mas, em oposição à sua localização geográfica invejável e à sua composição humana – fonte inesgotável de histórias –, Miami há décadas suporta o peso de lugar de sol e praia, ideal para viver em uma espiral eterna de festa e superficialidade.

Nenhuma dessas características definem o grande Carlos Alberto Montaner, intelectual de referência que já contou de todas as maneiras possíveis a face sinistra do regime castrista. Graças a artigos, livros e intervenções de Montaner, alimentei a minha alma jornalística e política, além de compor na minha mente a radiografia dessa tirania cubana que parece eterna, que temos de continuar combatendo por terra, mar e ar.

Mas, da mesma maneira, há algo pelo qual agradeço especialmente a Montaner: foi ele a pessoa que me apresentou a Carlos Sánchez Berzaín.

A intensidade e o compromisso de Berzaín com a democracia, a lei e a institucionalidade na América Latina o transformaram no martelo mais efetivo e demolidor contra essa espécie de regime que ele categoriza como "as ditaduras do século XXI".

Faz anos que eu e muitas outras pessoas temos um encontro semanal com ele para devorar seus artigos e ensaios que são publicados em diversas mídias dos EUA e da América Latina. Tive a honra de convidá-lo às páginas impressas do *Diario Las Américas* e depois às digitais do *HispanoPost.com.*

Em *Castrochavismo, crime organizado nas Américas,* vocês encontrarão uma série de artigos e ensaios nos quais ele denuncia e disseca os abusos dos ditadores modernos, a evolução do exercício da tirania que trocou os uniformes militares pela roupa esportiva, o pronunciamento armado e violento pelo populismo e o engano aos votantes. Tudo com o objetivo de se perpetuar no poder às custas do que for, inclusive de cometer delitos próprios da máfia siciliana. O assassinato da separação dos poderes, a decapitação de Montesquieu ocorre agora – seja seu nome Lula, Maduro, Morales, Ortega ou Correa – sob a teórica legitimidade do que foi conseguido em um teatro de aparência democrática. Sempre sob a diretriz de alguém de sobrenome Castro, seja Fidel ou Raúl.

É evidente que Carlos Sánchez Berzaín não representa a superficialidade do estereótipo de Miami, de modo que seus escritos também não pecam por isso. Certeiro no diagnóstico, ele sempre completa a equação com a contribuição de suas soluções, seja sob algum aspecto legal ou político. Sem dúvida alguma, recomendo a leitura deste livro a todos os apaixonados por política ou pela história recente da América Latina, mas também faço um chamado aos políticos na ativa que lutam pela volta ou consolidação da democracia em seus respectivos países.

Bolsonaro, Guaidó e alguns outros deveriam ter este livro e as esclarecedoras colunas de Berzaín na mesa de cabeceira. E para nós que o seguimos todas as semanas, faz muito bem o exercício da releitura para, entre outras coisas, constatar o "Ele avisou" ou "Ele tinha toda a razão".

Espero continuar, daqui até a eternidade, contando com a amizade de Carlos Sánchez Berzaín; continuar compartilhando a mesa com o bom vinho de suas palestras, análises e conselhos. Conto com isso, mas, além de tudo, faço público o meu desejo de que algum dia ele possa voltar à sua Bolívia natal para ocupar o lugar que merece na história. A história de um lutador pela democracia. Até que chegue esse dia, vamos aproveitar seus escritos e reflexões.

Virem a página e vejam.

INTRODUÇÃO À EDIÇÃO BRASILEIRA

DR. CARLOS SÁNCHEZ BERZAÍN

Abril 2022

Conceituei *castrochavismo* como "o sistema de crime organizado transnacional que usurpa o poder político em Cuba, Venezuela, Bolívia e Nicarágua, e que deve ser tratado como crime organizado, não como um processo político". A realidade mostra que é uma organização criminosa ditatorial, a qual detém o poder com "terrorismo de Estado", cometendo institucionalmente todos os tipos de crimes, inclusive contra a humanidade, e transformando os países que controla em "narco-estados", bases de apoios e fontes de terrorismo e conspirações internacionais.

Genericamente, no século XXI, existem duas formas de se organizar o sistema de governo de um país: a baseada no respeito à liberdade e aos direitos humanos, que é a democracia; e a que concentra o poder indefinida e incondicionalmente nas mãos de indivíduos ou grupos que violam a liberdade e os direitos humanos daqueles que estão submetidos ao poder, que é a ditadura. O castrochavismo corresponde à organização ditatorial, com o agravante de ter natureza transnacional que "reduz os povos a uma situação indefesa" por ter "absoluta impunidade".

A liberdade refletida no respeito aos direitos humanos é o fundamento da democracia que implica a expressão da soberania popular para acessar o governo; a temporalidade no exercício do poder; a natureza do mandato que o governante recebe com a obrigação de prestação de contas, a impossibilidade de concentração de todo o poder pela divisão e independência dos órgãos públicos com justiça independente; a submissão à lei que estrutura o estado de direito; e organização política livre. A democracia é um sistema em que a liberdade e os direitos de alguém só podem ser limitados pela liberdade e pelos direitos dos outros.

Ditadura é qualquer forma ou sistema de governo em que a liberdade e o respeito aos direitos humanos estão subordinados à vontade de um indivíduo ou grupo e, em que qualquer forma de violência, usada para tomar e manter o poder. O uso da força ou violência, a concentração de todo o poder em uma pessoa ou grupo, a permanência indefinida no poder ou a finalidade de fazê-lo, a falta de garantias que institucionalizem a violação das liberdades individuais e a impunidade indicam a ditadura – como também a existência de presos políticos e de exilados é prova cabal de uma ditadura.

As Américas do século XXI são marcadas por dois eventos antagônicos: (1) a institucionalização da democracia por meio de um tratado constitucional vinculante para todos os Estados, que é a Carta Democrática Interamericana, assinada em Lima, Peru, em 11 de setembro de 2001, que proclama a "democracia como direito dos povos [...]"; (2), a expansão da ditadura cubana com a contribuição do capital da Venezuela, estabelecendo as ditaduras do socialismo do século XXI ou castrochavismo nos quatro supracitados países , falsificando a política de encobrimento do crime organizado.

Castrochavismo é uma marca registrada de ditadura criminal, um neologismo que reflete os sobrenomes dos ditadores Fidel Castro, de Cuba, e Hugo Chávez, da Venezuela porque foi criado a partir da associação dos dois. Esse movimento, foi iniciado por Chávez em 1999, quando a ditadura castrista estava morrendo em seu chamado "período especial", para o desaparecimento da União Soviética. O que começou como um movimento populista bolivariano, chamado de *Aliança* para *os Povos de Nossa América* (ALBA), socialismo posterior do século XXI, é apenas a expansão, no nosso século, do sistema penal ditatorial castrista instalado em Cuba desde 1959.

Em vez de uma ditadura no final do século passado nas Américas, hoje temos quatro, e temos também a ameaça de continuar destruindo as democracias para aumentar o número de opróbrios. Enquanto as democracias se defendem local e individualmente, a conspiração ditatorial contra elas é transnacional, com planejamento estratégico e financiamento sustentado por mecanismos operacionais das embaixadas e "diplomatas" dos países castrochavistas, do G2 cubano, da penetração de organizações internacionais, de aliados ditatoriais, da operação aberta de seus instrumentos como o *Fórum de São Paulo*, do *Grupo Puebla* e muitos outros mais.

O poder do castrochavismo atinge os governos de dois países democráticos que são Argentina e México, mas que têm nos governos de Fernández/Kirchner e López Obrador, respectivamente, apoio subordinado e incondicional. Os sistemas democráticos desses dois países resistem, mas seus governos entregaram sua política externa e recursos internos indeterminados ao apoio dos regimes castrochavistas, que são governos "paraditatoriais". Essa situação parece indicar um financiamento pouco claro de campanhas eleitorais e proteção de fatos sob investigação.

O esforço do castrismo no século XX, se repete no século XXI com o castrochavismo sob a liderança de Cuba, buscando apresentar suas ditaduras como movimentos políticos de libertação, revolução social, processo de mudança, nova organização do Estado, exacerbação do nacionalismo, luta anti-imperialista contra a pobreza e a desigualdade. Chegaram ao absurdo de tentar apresentar suas ditaduras como "novas ou outras formas de democracia". Os fatos mostram que eles transformaram Cuba, Venezuela, Bolívia e Nicarágua em narcoestados, sendo os dois primeiros assolados por crises humanitárias; e, em todos eles, aumentaram a pobreza, a desigualdade e a dependência.

O embate entre as propostas e regimes ditatoriais, e as propostas e governos democráticos não é uma questão de esquerda e direita como se apresenta insistentemente. O confronto entre democracia e ditadura não é ideológico, é existencial. Não há confronto ideológico entre a defesa da liberdade e dos direitos humanos contra o crime organizado transnacional que detém o poder com o "terrorismo de Estado" instalando narco-estados, com presos políticos e exilados, cometendo e protegendo todo tipo de crimes com fins de impunidade. O crime não é uma ideologia, então o castrochavismo, ou socialismo do século XXI, não é um fenômeno político, é um ato criminoso.

Sustento que a guerra de agressão da Rússia contra a Ucrânia é a "primeira guerra global" porque as operações armadas estão limitadas às forças russas e ucranianas, mas a beligerância não exclui nenhum Estado do planeta no contexto da economia, comunicação e política confronto. É uma guerra em que não há possibilidade de neutralidade, o que significa imparcialidade e não participação. Essa guerra mostra a realidade objetiva do eixo de confronto entre ditadura e democracia e deixou clara a divisão do mundo, e das Américas, entre ditaduras e democracias.

A importância de saber o que é o castrochavismo, onde está, como opera e ameaça todos os países e povos livres das Américas, pode ser vista na situação dos povos de Cuba, Venezuela, Bolívia e Nicarágua, que foram submetidos a um estado de total indefesa, pobreza e dependência crescente.

O conteúdo deste livro traduzido para o português visa proporcionar a oportunidade de comparar conceitos e fatos com a realidade objetiva. O castrochavismo atua no Brasil, já teve acesso ao governo, mas não conseguiu destruir sua democracia; porém, não esqueçamos que um de seus princípios é o da conspiração permanente.

DITADURAS DE DELINQUÊNCIA ORGANIZADA

DITADURAS CASTROCHAVISTAS SÃO DELINQUÊNCIA NO PODER POLÍTICO

7 de janeiro de 2018

A aliança Castro-Chávez para recriar o castrismo com petróleo e dinheiro venezuelano tirou a ditadura de Cuba da agonia e deu lugar às ditaduras castrochavistas na Venezuela, Nicarágua e Bolívia (com o Equador de saída). Apresentaram-se como movimentos políticos pela libertação dos povos, como de esquerda, bolivarianos, socialistas, e usaram violência, golpes de Estado e eleições para acabar com partidos políticos, líderes e democracia. A realidade mostra que o castrochavismo é a delinquência que tomou o poder político.

É vital diferenciar e separar o que é "política", no sentido de atividade pública, do que é "delinquência organizada" e "crime". Uma coisa é a política com suas ideologias, pragmatismos, imperfeições, erros, crises, inclusive afetada pela corrupção, e outra coisa muito diferente é a política e o poder sob controle de delinquentes associados que fazem dela seu instrumento principal na perpetração de delitos, na organização criminal, na tomada e no controle indefinido do poder com fins delituosos e de impunidade.

Política em sua acepção ampla, segundo sua etimologia grega, "é a arte ou a intenção de governar". Note-se que, "em qualquer acepção em que seja utilizado o vocábulo, e seja um ou outro seu objetivo, aparece potencial ou efetivamente uma forma de proceder, uma prática, uma série de fatos a serviço de uma ideia". Política é a "arte, doutrina ou opinião referente ao governo dos Estados", "a atividade de quem rege ou aspira a reger os assuntos públicos" e "a atividade do cidadão quando intervém nos assuntos públicos".

A política é lícita, ou seja, atua no âmbito de ser "justa, permitida, segundo justiça e razão", porque é de ordem e de serviço público. A política é totalmente contraposta ao delito, que é "a culpa, a quebra da lei e toda ação ou omissão punida por lei". Enquanto a política se ocupa do "processo de tomar decisões em benefício da sociedade", criminosa é toda "ação indevida e repreensível" que atenta contra a sociedade e o que ela protege. A política é serviço público, e o delito e a delinquência são perigo público.

A realidade objetiva mostra que as ditaduras de Cuba, Venezuela, Nicarágua e Bolívia cometem permanente e reincidentemente todo tipo de delito. Os mais graves são contra a vida, a integridade física e a liberdade das pessoas por meio de assassinatos, massacres, perseguição política judicializada, prisões políticas, exílios políticos, torturas e crimes de lesa-humanidade, que incluem a fome e a miséria como mecanismo de controle. Os delitos econômicos superam a qualificação de corrupção, pois destroem os sistemas produtivos, saqueiam as empresas públicas, formam grupos de novos ricos ou burguesias do regime, elevam as dívidas externa e interna a somas impagáveis, comprometem os recursos naturais e a economia dos povos por dezenas de anos.

Justificam o narcotráfico como "instrumento de luta anti-imperialista", como repete Evo Morales na ONU com o respaldo dos demais ditadores – a Venezuela é o eixo do tráfico – e controlam a produção de cocaína dos sindicatos de Evo Morales e das FARC (Forças Armadas Revolucionárias da Colômbia); a ditadura cubana é ativa nesses delitos desde os tempos da guerra; a lavagem de dinheiro é a marca da Nicarágua.

Os Castro, Maduro, Ortega, Morales e seus regimes não deixam de cometer nem um único delito punido pela legislação, incluindo crimes sexuais, falsificação, sequestro, extorsão e acobertamento. A única diferença em relação à "máfia" é que o castrochavismo controla o poder político em pelo menos quatro países.

Não são governos corruptos, é delinquência organizada que maneja o poder político e pretende mantê-lo indefinidamente. Não são políticos que cometem delitos, são delinquentes que fazem política para delinquir e encobrir seus crimes. Não são governantes, são "grupos criminosos organizados" que cometem "delitos graves".

Esses NÃO podem continuar sendo tratados como políticos, e menos ainda como dignitários de Estado. Criminosos não têm imunidades nem privilégios, soberania não é proteção para crime organizado transnacional, e a comunidade internacional NÃO pode ser cúmplice.

MÉDICOS ESCRAVOS SÃO FORÇAS DE OCUPAÇÃO CASTROCHAVISTAS

21 de janeiro de 2018

O envio de médicos ao mundo pela ditadura cubana com a falácia da "solidariedade" ou da "cooperação" é a aplicação, no século XXI, do "internacionalismo castrista" que nos anos 1970 deu início às guerrilhas na América Latina. A ditadura integrou uma força política internacional com sua maior fonte de receita, organizada com pessoas subjugadas, usadas em doutrinação, infiltração, inteligência, controle social, mobilizações e segurança, cobrando bilhões de dólares pelos serviços profissionais com os quais encobre sua intervenção. Os médicos escravos são as "forças de ocupação castrochavista".

O regime cubano informou que seus médicos trabalham em 62 países, que "em 35 deles Cuba cobra pelos serviços médicos". A "venda de serviços profissionais", basicamente médicos, é a principal renda declarada da ditadura cubana, com "um montante estimado em 11,543 bilhões de dólares anuais" entre 2011 e 2015. Sua segunda fonte de renda são as remessas dos Estados Unidos, de 3,354 bilhões de dólares em 2015, e a terceira é o turismo, com 2,8 bilhões em 2016.

Os médicos cubanos trabalham pelo e para o regime em 24 países da América Latina e Caribe. Brasil, Venezuela, Bolívia, Equador se destacam pelo número de médicos cubanos sob dependência e controle do Estado cubano, por meio de contratos nos quais Cuba recebe o pagamento pelos serviços prestados, do qual só uma parte – estima-se que inferior a 25% – é repassada a esses profissionais da saúde. A Organização Pan-americana da Saúde (OPS) é intermediária desse sistema escravagista do século XXI.

Na Cuba ditatorial, estudar para ter uma profissão é uma porta para o futuro com vistas a fazer parte da estrutura do poder ou se livrar, em algum momento, da opressão; mas há o preço da doutrinação e do recrutamento obrigatório para servir incondicionalmente ao regime. Na Cuba castrista, nenhuma profissão é livre; os profissionais são funcionários dependentes que pertencem ao Estado, ao regime, ao ditador.

Treinamento político e formação militar operacional são condições essenciais para ser "internacionalista" cubano. Trabalhar no exterior é uma melhoria importante em relação à miséria da ilha, embora o regime fique com a maior parte do salário recebido pelo trabalho do indivíduo "fruto da revolução". Os grupos enviados ao exterior são organizados hierarquicamente, com comando efetivo, vertical, obrigações políticas e controle permanente. A família que fica em Cuba cumpre o papel de ser uma espécie de reféns para o bom comportamento do "internacionalista".

A recepção de médicos e profissionais cubanos se generalizou nos países da América Latina controlados ou sob influência do castrochavismo. No Brasil com Lula e Dilma Rousseff, na Venezuela com Chávez e Maduro, no Equador com Correa, na Bolívia com Morales, no Chile com Bachelet e nos países do Petrocaribe, há milhares de médicos cubanos. Suas capacidades profissionais têm sido observadas e questionadas, mas, apesar de criar conflitos com médicos locais e haver inclusive casos de imperícia, foram impostos com o pretexto de "cooperação", pelas atividades políticas e operacionais que cumprem.

Nas ditaduras da Venezuela, Bolívia e Nicarágua, o papel político dos "médicos internacionalistas" é vital para o sistema castrochavista. São alocados geralmente em áreas populares e rurais com o pretexto da falta de serviços, que vão cobrir, e se incorporam à comunidade. Fazem doutrinação e propaganda para o regime, campanha contra aqueles que consideram "inimigos da mudança ou da revolução", trabalhos de identificação de resistência ou lideranças democráticas, recrutamento e organização política. Cumprem tarefas de informação e inteligência e, quando há conflito, são grupos operativos.

Além de peças de intervenção, de transnacionalização da subversão antidemocrática e do crime organizado, os "internacionalistas cubanos" são vítimas de escravismo, porque são forçados a produzir divisas para a ditadura que lhes rouba o trabalho. A prova está nas fugas da Venezuela e Bolívia e nas revoltas dos médicos cubanos no Brasil denunciadas pelo *The New York Times* sob o título "Você cansa de ser um escravo".

DITADURAS CASTROCHAVISTAS FABRICAM, DIVIDEM E MANIPULAM OPOSIÇÃO

5 de fevereiro de 2018

Os regimes da Venezuela e Bolívia, quanto mais debilitados por sua espiral de crise e rejeição popular, mais precisam simular democracia forçando processos eleitorais arranjados para apresentar vitórias fraudulentas que suplantam a vontade popular. Como não têm o controle social e a ação criminal da ditadura cubana para simular eleições com partido único e sem oposição, Nicolás Maduro e Evo Morales precisam que exista oposição e a fabricam, dividem e manipulam.

Já afirmei e reitero que, nas ditaduras da América Latina, o uso do termo "oposição política" é inadequado, ou pelo menos impreciso, porque quando não existe democracia não há oposição, e sim resistência e luta pela recuperação da democracia. A oposição política é "expressão de contradição imprescindível no processo democrático de formação da vontade política e é consubstancial à liberdade, aos direitos humanos, ao pluralismo e à alternância no poder", tendo como característica essencial a possibilidade de "ser governo por meio de eleições".

Na democracia, a oposição política tem a possibilidade e o direito de pactuar com ou contra o governo, pode ser diversa e plural, e pode estar dividida ou unida por questões ideológicas, programáticas e inclusive de interesses. A liberdade de expressão e de imprensa garantem a dinâmica democrática no âmbito do respeito à lei. Quando NÃO há democracia – como em Cuba, Venezuela, Bolívia e Nicarágua –, é o regime que determina as condições, os limites, o alcance e inclusive as lideranças da oposição, ou seja, "fabrica sua oposição", como uma gaiola fora da qual o admitido como opositor não pode agir.

Cuba, Venezuela, Bolívia e Nicarágua têm hoje regimes com o controle total do poder, sem liberdade de imprensa, sem divisão nem independência de poderes e com manipulação explícita do sistema judicial como mecanismo de repressão, perseguição política e acobertamento dos crimes dos Castro, Chávez, Maduro, Morales e Ortega e seus entornos. Por isso são ditaduras, que, além de tudo, têm perseguidos políticos, presos e exilados políticos, a quem mantêm – pela força – fora da atividade política em território nacional e, obviamente, das eleições e candidaturas.

Em uma Venezuela que vive uma crise humanitária, com centenas de presos políticos e milhares de exilados políticos, a ilegítima e criminosa assembleia constituinte adiantou as eleições, inabilitou candidatos e está com tudo preparado para a vitória do ditador Nicolás Maduro como candidato oficialista. Em uma Bolívia com dezenas de presos políticos e mais de mil exilados políticos, os infames juízes do regime ignoraram o referendo de 21 de fevereiro de 2016, habilitando o ditador Evo Morales a encenar sua eleição em 2019 e se perpetuar no poder.

Eles fabricam a oposição escolhendo quem a integrará e impondo o que devem fazer, com o claro limite de que quem for opositor de verdade terá como destino perseguição, prisão, exílio ou morte. Então, dividem essa oposição manipulando abertamente um sistema de prêmios e castigos expresso em forma de benefícios econômicos, favores e privilégios notórios, que o povo vê e começa a apontar.

A manipulação da oposição vai desde habilitar ou inabilitar candidatos até pactos secretos, mas evidentes, nos quais, por exemplo, a ditadura estimula candidaturas libertando presos políticos ou permitindo o retorno de algum exilado "para que seja opositor". Impõe a existência de vários candidatos de oposição. Denuncia como "conspiração" qualquer projeto ou invocação de unidade, como na Bolívia, e quando se consegue a unidade, como no caso da MUD (Mesa de la Unidad Democrática) na Venezuela, a ditadura a penetra, divide e faz voar pelos ares. Se algum opositor de verdade chega a ser candidato, não tem opção alguma.

Nessas condições, ninguém pode ganhar uma eleição contra o ditador Maduro na Venezuela, nem contra o ditador Morales na Bolívia, porque NÃO são eleições, são "tragicomédias criminosas" para as quais – além de haver um sistema de fraude institucionalizado – fabricam, dividem e manipulam a oposição, reduzindo-a – com os instrumentos e práticas criminosos castrochavistas – a fracos reféns, cúmplices ou simuladores que continuarão tendo certas comodidades.

EQUADOR SAI DO GRUPO DE DITADURAS CASTROCHAVISTAS?

11 de fevereiro de 2018

Os resultados do referendo e consulta popular de 4 de fevereiro no Equador são a ordem inequívoca do povo para que o governo restaure a democracia. Não é um tema ideológico; trata-se de restituir os elementos que Rafael Correa e seu regime suprimiram, como foi feito na Venezuela, Bolívia e Nicarágua, no modelo que o ex-presidente do Equador Osvaldo Hurtado denunciou como "as ditaduras do socialismo do século XXI". Lenín Moreno está fortalecido, mas há dúvidas sobre se quer e se pode tirar o Equador do grupo das ditaduras castrochavistas.

Recordemos que "castrochavismo" é o acrônimo do "projeto de Fidel Castro e Hugo Chávez, que, com a capacidade subversiva do regime ditatorial cubano e o petróleo venezuelano, recriaram, a partir de 1999, a expansão do comunismo castrista, antidemocrático, com discurso anti-imperialista". Com muito dinheiro e crimes, expandiu-se na região até controlar – em seu melhor momento – a maioria dos países da Organização dos Estados Americanos (OEA) e a própria organização. O castrochavismo, hoje em crise, controla Cuba, Venezuela, Bolívia e Nicarágua – com sinais de despedida no Equador – e influencia países do Petrocaribe.

Quando, em 15 de janeiro de 2007, Rafael Correa chegou à presidência do Equador, submeteu seu país ao eixo Caracas-Havana. Foram desaparecendo os elementos da democracia por: violação institucionalizada dos direitos humanos e das liberdades individuais; controle por Correa de todos os poderes do Estado; uso da justiça como meio de repressão e perseguição política e confisco; desaparecimento do "estado de direito"; perseguições, prisões e exílios políticos; controle de meios de comunicação e anulação da liberdade de imprensa; fraude eleitoral; apoio a grupos narcoterroristas como as FARC; desaparecimento do controle público; corrupção; desrespeito a indígenas e seus territórios; alienação do patrimônio nacional; reeleições eternas e mais.

Em 24 de maio de 2017, Correa deixou o poder nas mãos de seu "sucessor", Lenín Moreno. Um Equador em crise econômica, endividado ao extremo, sem determinação de valores, com perseguidos, presos e exilados políticos, denúncias de fraude eleitoral, acobertamento da corrupção e impunidade sem precedentes, sem imprensa livre e exercendo como ditadura castrochavista. Talvez tenha sido essa vergonhosa e gravíssima realidade que levou Lenín Moreno a se candidatar a presidente do Equador em vez de ser o sucessor e acobertador do ditador Rafael Correa, e a buscar a mudança por meio do referendo e da consulta popular.

Agora que Lenín Moreno recarregou seu capital político e tem o mandato – que superou os dois terços de votos em média – para restituir a democracia no Equador, a questão é se ele quer e pode fazer isso, se os entornos políticos do regime pós Rafael Correa o permitirão, e se ele não se deixará neutralizar pela ameaça internacionalista do castrochavismo. O discurso de Moreno é interessante, mas membros de seu governo não agem em consequência, suas relações com as ditaduras o mantêm sob suspeita, e sua política externa continua sendo correísta.

Não se trata de um tema ideológico porque nem Lenín Moreno, nem seu governo, nem ninguém, precisa deixar de ser esquerdista ou progressista para ser democrático e cumprir a Carta Democrática Interamericana, a Declaração Universal de Direitos Humanos e a Constituição. Não é nem de direita nem de esquerda retornar ao estado de direito, respeitar a divisão e independência dos poderes, os direitos humanos, libertar os presos políticos, acabar com as perseguições, auspiciar o retorno dos exilados, respeitar a liberdade de imprensa.

Também não é questão ideológica tirar o Equador do cada vez menor grupo de governos que acobertam as ditaduras de Cuba, Venezuela, Bolívia e Nicarágua. As ditaduras dos Castro em Cuba, Nicolás Maduro na Venezuela, Evo Morales na Bolívia e os Ortega na Nicarágua representam narcotráfico, terrorismo, migração forçada, exílio, crise e controle do poder por grupos criminosos, e isso NÃO é política; é crime organizado. Quando se trata de crime, não há direita nem esquerda, só delinquentes, e o presidente Lenín Moreno tem a oportunidade de não se envolver na trama criminosa do castrochavismo.

UM NOVO TEMPO DE TOLERÂNCIA ZERO ÀS DITADURAS NAS AMÉRICAS

18 de fevereiro de 2018

A crise humanitária à qual o castrochavismo levou o povo da Venezuela está forçando os governos da região e do mundo a recordar a importância de defender a democracia. O acelerado e impiedoso processo de consolidação da ditadura de Nicolás Maduro o transformou em indesejável objeto de repúdio e uma ameaça à paz e segurança internacionais. Só os regimes de Cuba, Bolívia, Nicarágua e Equador defendem Maduro, enquanto se fortalece um novo tempo de tolerância zero às ditaduras nas Américas.

Nestes poucos anos do século, mas especialmente depois da Carta Democrática Interamericana (Lima-Peru, 11 de setembro de 2001), a maioria dos governos da região permitiu, coadjuvou ou participou da formação das ditaduras do socialismo do século XXI ou castrochavistas. Uns por ação e outros por omissão, mas quase todos sob a irresistível pressão dos recursos venezuelanos malversados por Hugo Chávez, os negócios do Foro de São Paulo – agora expostos pela "Lava-Jato" brasileira – ou a ameaça e o medo operados por Fidel Castro e sua renovada capacidade de desestabilização com recursos da Venezuela.

Eludiram – tratando-as como renúncias – a derrubada da Argentina (2001), Bolívia (2003) e Equador (2000 e 2005) e do secretário-geral da OEA (2004); transformaram a ditadura cubana em referência política e depois reconheceram sua liderança regional; permitiram a vergonhosa violação dos objetivos e princípios da OEA sob pressão de Chávez e Castro nos dez anos de gestão de Insulza como secretário-geral.

Deixaram-se seduzir ou oprimir por um sistema de crime organizado que substituiu a política, controlando o poder em Cuba com os Castro, na Venezuela com Chávez e Maduro, na Bolívia com Evo Morales, na Nicarágua com os Ortega, e ao que parece ainda no Equador com o esquema de Correa, e influindo com dádiva petroleira nos países do Petrocaribe.

O que acontece hoje na Venezuela é resultado de quase duas décadas de progressivos e sustentados ataques à liberdade e à democracia, violações aos direitos humanos, perseguições, fraudes eleitorais, corrupção, violação da soberania, alienação do patrimônio nacional, assalto aos recursos do Estado e privados, falsificação institucional, assassinatos, massacres, aniquilação da liberdade de imprensa, anulação do estado de direito, desaparecimento da divisão e independência dos poderes públicos, controle da oposição, prisões e exílios políticos, narcotráfico e tudo mais, até fazer da Venezuela um "narcoestado ditatorial castrista com crise humanitária".

Respeitando tempos e distâncias, parece que a história de Cuba dos anos 1960 se repete. A ditadura precisa se consolidar e, então, prende, reprime, mata, gera fome e, usando o medo e a insegurança, força a migração dos cidadãos que poderiam enfrentá-la. O detalhe é que estamos no século XXI, com a revolução tecnológica e de comunicação, com a internet, as redes sociais e a informação em tempo real mostrando a ditadura criminal e antinacional que hoje oprime os venezuelanos. Diferentemente da Cuba dos anos 1960, a falácia ideológica, o pretexto libertador e a retórica anti-imperialista já não convencem ninguém.

Por essas razões, o ditador Maduro, na Venezuela, tem pouquíssimas probabilidades de se manter no poder ilegítimo que detém. A comunidade democrática internacional já entendeu que, por interesse e segurança próprios, deve evitar que a Venezuela seja a segunda ditadura consolidada das Américas, seguida pelas ditaduras da Bolívia e Nicarágua. Libertar logo a Venezuela é uma necessidade estratégica.

A ditadura dos Castro em Cuba subjugou seu povo a uma permanente crise humanitária, mas sabe que não pode mais seguir dessa forma. A ditadura de Evo Morales transformou a Bolívia em outro narcoestado, apenas poucos capítulos atrasado na cartilha venezuelana de crimes e crise. A ditadura dos Ortega na Nicarágua, com um modelo pró-burguesia de cunho mais somozista que castrista, já está em evidência. Está mais claro que nunca que existem "Duas Américas", a democrática e a ditatorial, e que as duas não podem coexistir. É o tempo de tolerância zero às ditaduras nas Américas.

NARCOESTADOS E DITADORES ANTI-IMPERIALISTAS DA VENEZUELA E DA BOLÍVIA

4 de março de 2018

O fim da democracia e o estabelecimento de ditaduras com fachada populista na Venezuela, Bolívia e Nicarágua, o Equador de Correa e a ameaça sobre a Colômbia como operação de Cuba, têm o elemento essencial de controle do poder político para o narcotráfico que buscam encobrir com o anti-imperialismo contra os Estados Unidos. Para o castrochavismo, o narcotráfico é fundamental em sua estratégia, o que não se deve ignorar na luta pela democracia em narcoestados com ditadores autoproclamados anti-imperialistas, como Venezuela, Bolívia e outros ainda velados.

A história mostra casos de tomada parcial do poder pelo narcotráfico ou de controle temporário, como candidatos ou parlamentares na Colômbia, ou o ditador Noriega no Panamá. Contudo, até a chegada da aliança entre Hugo Chávez e Fidel Castro, que integrou o denominado movimento bolivariano, socialismo do século XXI ou simplesmente "castrochavismo", nunca se havia visto o controle de vários países onde se cometem todos os delitos de narcotráfico e são defendidos internacionalmente.

O neologismo "narcoestado" descreve "países cujas instituições políticas estão influenciadas, de maneira importante, pelo narcotráfico, e cujos dirigentes são ao mesmo tempo funcionários governamentais e membros das redes de produção ou tráfico de drogas narcóticas ilegais, amparando-se em suas potestades legais para a atividade criminal". Meios de comunicação, representantes internacionais, estudiosos e inclusive a evidência de sentenças judiciais dão à Venezuela com Nicolás Maduro e à Bolívia com Evo Morales a condição de narcoestados.

Algumas das provas, no caso da Venezuela, são os sobrinhos da esposa do ditador Maduro condenados por narcotráfico em Nova York, ou a ação de salvamento em Aruba do general ex-chefe da inteligência do regime "pollo Carvajal", tratada como questão de Estado pela Venezuela, para evitar sua extradição aos EUA. Hoje, a Venezuela é apontada como o "eixo do narcotráfico" de cocaína das FARC da Colômbia, em cuja rota oficial de tráfico está o território boliviano controlado por Evo Morales.

Na Bolívia, o líder máximo e perpétuo dos *cocaleros* (produtores de coca), Evo Morales, é o chefe do estado plurinacional que, "por lei", aumentou em 83% o cultivo de coca "legal", de 12 mil a 22 mil hectares, e levou a coca ilegal de 3 mil hectares existentes no ano de 2003 – quando derrubaram o presidente Sánchez de Lozada – a 50 mil hectares. Os sindicatos *cocaleros* do Trópico de Cochabamba são sua principal base política de mobilização e repressão, como no massacre de Cochabamba de 11 de janeiro de 2007. Os *cocaleros* de Morales foram integrados – sob proteção do Estado – à produção da cocaína.

O senador Roger Pinto, morto em um "acidente de aviação" em processo de investigação no Brasil, foi perseguido, forçado a se refugiar na embaixada do Brasil em La Paz e depois exilado, por ter denunciado a Evo Morales a conexão de voos oficiais com drogas da Bolívia à Venezuela. O chefe antinarcóticos de Evo Morales, coronel René Sanabria, foi detido pela DEA (Drug Enforcement Administration) traficando cocaína e sentenciado por juízes dos EUA, onde cumpre prisão.

Ambos os regimes, da Venezuela e da Bolívia, expulsaram a DEA, que cumpria tarefas de inteligência e coordenação internacional com altos níveis de eficiência na luta contra o narcotráfico, e também os embaixadores dos EUA. Rafael Correa no Equador, na mesma política pró-narcotráfico disfarçada de anti-imperialismo, expulsou a DEA, o embaixador, e retirou dos EUA a base antinarcóticos de Manta.

Ademais, os narcoestados defendem sua atividade ilícita como tema de política internacional: Evo Morales em seus discursos na ONU – apoiado por Cuba, Venezuela, Equador, Nicarágua – pediu a despenalização, acusou a DEA dos próprios crimes de Morales – como é seu hábito – e proclamou que "a luta contra o narcotráfico é um instrumento do imperialismo".

Brasil, Argentina e Chile, inundados pelas drogas provenientes da Bolívia, começaram a tomar ações; o governo da Colômbia já reage contra a ditadura da Venezuela, o Equador parece estar saindo do grupo de narcoestados e a embaixadora dos EUA na ONU, Nikky Haley, qualificou a Venezuela como "narcoestado violento que ameaça o mundo".

DIFERENCIAR E SEPARAR A POLÍTICA DO CRIME ORGANIZADO

11 de março de 2018

A realidade das Américas se agrava porque o castrochavismo demonstra que suas ações e seus objetivos não são questão política, mas correspondem integralmente ao âmbito do crime organizado. A divisão entre países com democracia e sob ditadura já é insuficiente. Os regimes de Cuba, Venezuela, Bolívia, Nicarágua e o Equador de Correa, além de terem estabelecido governos de fato concentrando todo o poder e sendo sustentados pela violência, estão no âmbito do crime organizado transnacional. Urge diferenciar e separar a política do crime organizado, dando a cada um seu lugar.

A Convenção de Palermo, da qual são signatários Cuba, Venezuela, Bolívia, Nicarágua, Equador e todos os países das Américas, define que um "grupo criminoso organizado" é "um grupo estruturado de três ou mais pessoas que exista durante certo tempo e atue de forma orquestrada com o propósito de cometer um ou mais crimes graves ou delitos tipificados, segundo a presente convenção, com o objetivo de obter, direta ou indiretamente, um benefício econômico ou de ordem material". Nessa definição estão compreendidos os regimes liderados por Castro, Chávez-Maduro, Morales, Ortega e Correa.

A Convenção de Palermo define "crime grave" como a "conduta que constitui um delito punível com privação de liberdade máxima igual ou superior a quatro anos". Os chefes castrochavistas não deixaram um delito sequer sem cometer, mas, como demonstração de que são habituais e reincidentes perpetradores de "crimes graves", vejamos os atentados contra a vida e a liberdade, assassinatos, detenções indevidas, torturas, crimes contra a economia de seus Estados, corrupção, falsificações de todo tipo, usurpação de autoridade, usurpação de poder, autoatribuição dos direitos do povo, traição à pátria, roubo agravado, subornos, assaltos, sequestros, extorsões, narcotráfico, conspiração, acobertamento, tráfico de pessoas, contrabando, terrorismo e delitos comuns e de lesa-humanidade.

Um "grupo estruturado" é "um grupo formado não fortuitamente para a perpetração imediata de um delito, sem que necessariamente se tenha designado a seus membros funções formalmente definidas, nem haja continuidade na condição de membro ou exista uma estrutura desenvolvida". No caso de Cuba, Venezuela, Bolívia e Nicarágua, a definição de "grupo estruturado" é aplicável sem ressalvas, porque no castrochavismo há designação de funções e estrutura desenvolvida e institucionalizada nos Estados que controlam.

Por bens se entende os "ativos de qualquer tipo, corporais ou incorporais, móveis ou imóveis, tangíveis ou intangíveis, e os documentos ou instrumentos legais que atestem a propriedade ou outros direitos sobre tais ativos". Por "fruto do delito se entendem os bens de qualquer espécie derivados ou obtidos direta ou indiretamente da perpetração de um delito". Assim, temos que o principal bem fruto do delito do grupo estruturado de crime organizado que começou como "movimento bolivariano", "socialismo do século XXI" e hoje é "castrochavismo", é "exercer e reter ilegitimamente o poder público", e com a retenção indefinida do poder, cometer e encobrir todo tipo de crime.

Expandiram-se a partir de Cuba e controlam a Venezuela, Bolívia e Nicarágua, operam como organização transnacional e se apresentam como projeto político com ideologia de esquerda populista, socialista ou comunista, segundo a conveniência. Com o dinheiro do crime, controlam e influenciam meios de comunicação, *lobbies*, advogados, relações públicas, personalidades, instituições e inclusive governos, para sustentar a aparência de movimento político, configurando-se, na realidade, uma organização criminosa sem precedentes.

Com o "fruto do delito" controlam e/ou influenciam organismos internacionais, como o Petrocaribe, a OEA e a ONU, e fazem alianças com governos antidemocráticos, conseguindo e negociando posições, nas quais, em vez de proteger o sistema, tergiversam e o põem a seu serviço para proteger o narcotráfico, o terrorismo e os delitos que cometem dia a dia para se manterem no poder indefinidamente.

A maior ameaça contra a democracia, a paz e segurança internacionais nas Américas é o crime organizado que controla Cuba, Venezuela, Bolívia e Nicarágua, com Equador em curso de saída do modelo. Os governos democráticos devem entender isso, separar a política do crime organizado e agir de acordo, por segurança própria, porque o perigo é tão grande que quem não o faz está hoje preso, exilado ou morto.

DITADORES E CRIME ORGANIZADO NA CÚPULA DAS AMÉRICAS EM LIMA

1 de abril de 2018

Governabilidade democrática diante da corrupção é o tema central da Oitava Cúpula das Américas (de 10 a 14 de abril em Lima, Peru) em uma região dividida em "duas Américas", entre países democratas e regimes ditatoriais de crime organizado. Nenhum dos elementos essenciais da democracia é respeitado em Cuba, Venezuela, Bolívia e Nicarágua, cujos governantes têm a corrupção e a impunidade como objetivo para manter o poder indefinidamente. Esse contexto delicado é o desafio para os líderes democráticos das Américas que precisam se diferenciar dos chefes do crime organizado.

A Organização dos Estados Americanos (OEA) tem como fundamento a Carta Democrática Interamericana, segundo a qual são "elementos essenciais da democracia, entre outros, o respeito aos direitos humanos e às liberdades fundamentais; o acesso ao poder e seu exercício com sujeição ao estado de direito; a celebração de eleições periódicas, livres, justas e baseadas no sufrágio universal e secreto como expressão da soberania do povo; o regime plural de partidos e organizações políticas; e a separação e independência dos poderes públicos".

As cúpulas das Américas "são encontros periódicos que reúnem os chefes de Estado e de Governo democraticamente eleitos das Américas para debater e tomar decisões sobre temas de relevância para a região". São concebidas para "debater sobre aspectos políticos compartilhados, afirmar valores comuns e comprometer-se com ações concertadas em âmbito nacional e regional com o fim de enfrentar desafios presentes e futuros nos países das Américas".

A "governabilidade", de acordo com a OEA, significa "estabilidade institucional e política, e efetividade na tomada de decisões e administração...". O PNUD enfoca a "governabilidade democrática" como "o desafio de elaborar instituições e processos que atendam melhor às necessidades dos cidadãos comuns, incluídos os pobres", buscando "fomentar a participação, a responsabilidade e a eficácia em todos os níveis".

Este marco de princípios e institucionalidade permite diferenciar o que é corrupção na democracia como delito e fato político do que é corrupção como elemento essencial dos regimes não democráticos que fazem do poder instrumento do crime organizado transnacional no âmbito da Convenção de Palermo.

Na democracia, a corrupção não é a regra; é o defeito, a violação da normalidade, é o "mau uso do poder público para obter vantagens ilegítimas, geralmente de forma secreta ou privada"; é "a prática consistente na utilização das funções e meios públicos em proveito econômico ou de outra índole de seus gestores". Na democracia há investigação, julgamento e sanção, prestação de contas, separação e independência de poderes, estado de direito e liberdade de imprensa. Porém, nas ditaduras, a corrupção é o meio, a causa e o fim da tomada e retenção indefinida do poder.

Quanto melhor a democracia, mais controle e sanção da corrupção existe, porque há liberdade e transparência, como demonstram Peru, Brasil, Chile, Costa Rica e Estados Unidos diante da Lava-Jato ou da corrupção transnacional organizada pelo Foro de São Paulo com Odebrecht e outras construtoras. No mesmo caso, as ditaduras de Cuba, Venezuela, Bolívia, Nicarágua, Equador/Correa são acobertamento e impunidade.

A caracterização de regimes de crime organizado em Cuba, Venezuela, Bolívia e Nicarágua se deve a delitos que vão além da corrupção em contratos estatais. Trata-se de crimes contra a vida em violência institucionalizada, massacres e crise humanitária; contra a liberdade, com perseguidos, presos, exilados políticos e migrações forçadas; narcotráfico, com narcoestados como se apontam hoje Venezuela e Bolívia; contra a segurança, com terrorismo e grupos irregulares; contra o patrimônio nacional; e mais delitos com e pela retenção ilegítima e ilegal do poder.

O tema da Cúpula das Américas de Lima é o que farão os países democráticos diante do crime organizado instalado no poder político de Cuba, Venezuela, Bolívia e Nicarágua. O ditador Maduro não foi convidado, mas seu criador Raúl Castro, de Cuba, e seus sócios, Evo Morales da Bolívia e Ortega da Nicarágua, reclamam-no e o representam.

SIMULADORES DE OPOSIÇÃO NAS DITADURAS DE CRIME ORGANIZADO

8 de abril de 2018

A farsa montada pelo ditador Nicolás Maduro para manipular as eleições na Venezuela e se perpetuar no poder pôs em evidência os simuladores de oposição como outro dos elementos fundamentais das ditaduras nas Américas. Em seu anseio por aparentar democracia, eles precisam ter uma oposição e a implementam com operadores cúmplices que contribuem para a manutenção do regime. Os simuladores de oposição agem na Venezuela, Bolívia e Nicarágua para sustentar as ditaduras de crime organizado.

Não há democracia nem eleições válidas em regimes que manipulam o voto com um sistema unipartidário forçado e imposto, como acontece em Cuba. Mas, na expansão castrista do século XXI, a ditadura optou pela utilização da democracia para a fraude institucional e a eliminação de seus elementos essenciais. Eles utilizaram o voto popular para fazer fraude, usurparam as constituições políticas e substituíram a estrutura institucional por estatutos ditatoriais que provam, em si mesmos, a inexistência de democracia. Sob adestramento de Cuba, Venezuela com Hugo Chávez e Nicolás Maduro, Bolívia com Evo Morales, Nicarágua com Daniel Ortega e – em seu momento – Equador com Rafael Correa, realizaram eleições frequentes e, para ganhá-las sempre, montaram um sistema criminoso de simulação. Parte da fraude e da simulação implementadas pelo socialismo do século XXI, hoje ditaduras de crime organizado, foi e é a formação, a domesticação e a manipulação de "simuladores de oposição".

São simuladores de oposição os atores políticos e sociais na Venezuela, Bolívia e Nicarágua, que aparentam ou fingem ser contrários ao regime, quando, na realidade, agem para sustentá-lo. Apresentam-se como contrários, prometem mudanças, propõem ganhar eleições para devolver a liberdade ao povo, quando, na realidade, só estão propiciando a perpetuação indefinida do ditador. Os simuladores de oposição são parte imprescindível da fraude e do engano aos cidadãos e à comunidade internacional. A oposição simulada é simplesmente trapaça, mentira, fraude, ou seja, é parte dos delitos que os regimes de crime organizado institucionalizam com aparência de normalidade para manter o poder.

O caso mais notável neste momento é a candidatura apresentada como oposição nas eleições que a ditadura convocou ilegal e ilegitimamente na Venezuela. Todo mundo sabe que se trata de um processo vicioso e viciado destinado a perpetuar Nicolás Maduro. É a convocatória por uma Assembleia Constituinte de fato, que atua usurpando o poder para sustentar a ditadura em um país transformado em narcoestado. Há que insistir: trata-se de um ato criminoso pelo qual são responsáveis tanto o regime ditatorial quanto os simuladores de oposição.

É lamentável, mas a simulação de oposição para beneficiar e sustentar as ditaduras de crime organizado não se aplica só na Venezuela; estende-se e existe na Bolívia e na Nicarágua, onde há desagrados muito pequenos e limitada resistência política e cívica, impossibilitada de tomar o poder mediante eleições limpas e justas, com seus líderes inabilitados, transformados em presos políticos ou exilados.

Agora se sofre a utilização de "simuladores de oposição" na Venezuela e é urgente denunciá-la para que o mundo saiba que nas eleições de 20 de maio é a ditadura castrochavista da Venezuela que manipula o candidato oficialista e a oposição simulada. A prova é muito simples e consiste na recusa por agrupamentos políticos e cidadãos de participar de tão escandaloso fato criminoso.

O cenário seguinte, no qual já se manobra com simuladores de oposição, é a Bolívia, onde Evo Morales, inabilitado para ser candidato em 2019 por decisão do referendo 21F, impulsiona uma prematura campanha eleitoral na qual já aparecem candidatos que receberam do regime a missão de se multiplicar para dividir a rejeição popular e enganar os bolivianos convencendo-os de que podem ganhar do ditador. Os nomes dos simuladores bolivianos já estão na mídia, uns autopromovidos e outros se fazendo assim proclamar, mas todos simulando para que a Bolívia esqueça que NÃO é NÃO e caia no falso jogo das eleições do crime organizado.

VENEZUELA, O NÓ GÓRDIO DAS DITADURAS DE CRIME ORGANIZADO

15 de abril de 2018

O regime de Hugo Chávez e Nicolás Maduro na Venezuela é a origem e o pilar das ditaduras das Américas. Sem o petróleo venezuelano, a expansão do castrismo no século XXI nunca teria existido, mas hoje não é possível que se sustente sem o crime organizado transnacional que se origina no narcoestado venezuelano. Se cair a ditadura da Venezuela, vão desmoronar as de Cuba, Bolívia e Nicarágua. O nó górdio das ditaduras de crime organizado das Américas é o regime da Venezuela e, depois de anos tentando desfazê-lo, é hora de cortá-lo.

O termo "nó górdio" vem da lenda grega de "Górdio", um camponês de Frígia, na região onde hoje é a Turquia, o qual, eleito rei, ofereceu a Zeus sua carroça, amarrando-a a uma coluna do templo com "um nó cujos cabos se escondiam no interior, tão complicado que ninguém podia desfazê-lo", e o presságio de que quem o desfizesse conquistaria toda a Ásia. Quando Alexandre o Grande tomou a Frígia, foi desafiado a desatar o nó górdio, e ele, sacando sua espada, cortou-o, resolvendo assim o dilatado assunto, origem da expressão "Tanto monta cortar como desatar", gravada como lema do rei Fernando o Católico em seu escudo de armas.

O "nó górdio" é "um nó muito intrincado ou impossível de desfazer", "uma dificuldade indissolúvel", um "obstáculo difícil de vencer ou de difícil solução", "difícil de resolver contundentemente e sem contemplações". Refere-se ao tipo de dificuldade que toma muito tempo, causa muitas complicações por sua falta de solução e que demanda soluções criativas, decididas, mas muito inteligentes.

A ditadura da Venezuela é o nó górdio que impede que se recuperem a liberdade e a democracia do povo venezuelano e que sustenta nas Américas as ditaduras em Cuba, Bolívia e Nicarágua como sistema de crime organizado transnacional e perigo real para a região e o mundo.

Até este momento do século XXI, o povo venezuelano já fez de tudo. Tentou acreditar nas proclamadas boas intenções de Hugo Chávez, que acabaram se mostrando vis trapaças. Tentou deter o opróbrio ditatorial mediante votações e eleições, cuja vitória não serviu para nada. Deu em oferenda a liberdade e a vida de milhares de venezuelanos massacrados, assassinados, torturados, presos, perseguidos e exilados. Acreditou em um conjunto de dirigentes políticos que empoderou com vitórias eleitorais como a da Assembleia Nacional, sem resultado algum. Tomou as ruas com imensas mobilizações brutalmente reprimidas. É vítima de uma crise humanitária e continua lutando.

Não foi possível desfazer o nó górdio da ditadura de crime organizado na Venezuela, orquestrada pelo castrismo de Cuba com alianças de interesses espúrios de Estados vinculados ao terrorismo e ao crime organizado transnacional, que usam a Venezuela como uma base política e geográfica em sua agressão aos Estados Unidos e à civilização ocidental.

O problema da ditadura na Venezuela – expansão da ditadura de Cuba que controla, além de tudo, Bolívia e Nicarágua

– não é um tema político ou ideológico, pois não é uma confrontação entre esquerda e direita, ou entre socialismo e capitalismo, nem somente de abusivos detentores do poder contra suas vítimas. É o crime organizado transnacional que controla vários Estados – o nó é a Venezuela – para cometer delitos de lesa-humanidade, massacres, torturas, privações de liberdade, narcotráfico, terrorismo e mais, com impunidade e cobertura de soberania, para estabelecer bases geopolíticas contra a paz e a segurança internacionais do hemisfério. É uma ameaça real e atual para os países democráticos da região. As centenas de milhares de migrantes forçados já incidem na economia, na segurança e estabilidade de praticamente todos os países livres das Américas, como Brasil, Colômbia, Panamá, Peru, Chile, Estados Unidos e México. O eixo de narcotráfico em que a Venezuela se transformou com a cocaína das FARC da Colômbia e dos sindicatos de Evo Morales da Bolívia penetra toda a região e afeta o mundo com graves consequências em segurança e saúde.

Não foi possível desatar o nó górdio da Venezuela. É hora de fazer como Alexandre o Grande e cortá-lo. Cabe o corte, por interesse próprio, a todos os países democráticos das Américas com inteligência e prontidão.

O POVO TRAZ À LUZ A DITADURA DE CRIME ORGANIZADO NA NICARÁGUA

29 de abril de 2018

A Nicarágua passou do ponto de não retorno para a recuperação de sua liberdade e democracia. As manifestações cidadãs reprimidas no modelo castrochavista, já aplicado na Venezuela por Chávez e Maduro e na Bolívia por Evo Morales, com dezenas de mortos e feridos, desnudaram o sistema de opróbrio que os nicaraguenses não estão mais dispostos a suportar. O tema é, agora, a saída de Daniel Ortega e o fim de seu regime, porque o povo trouxe à luz a ditadura de crime organizado na Nicarágua.

Entre Cuba, Venezuela, Bolívia e Nicarágua, os quatro Estados que restam sob controle de ditaduras de crime organizado, a Nicarágua se mostrava como a mais estável ou controlada. Os acordos de Ortega para encobrir a corrupção política de seus outrora adversários, depois transformados em colaboracionistas e cúmplices, foram a pedra fundamental para instaurar o modelo castrochavista de simulação democrática na Nicarágua e fazê-lo avançar depressa como uma das ditaduras do socialismo do século XXI. Os arranjos com empresários privados, acompanhados de prebendas e privilégios, foram mecanismos de proteção ao disfarce da ditadura.

Os recursos e o petróleo venezuelanos malversados por Hugo Chávez permitiram dar aparência de prosperidade à administração de Daniel Ortega, sendo que, na realidade, o que se fazia era alicerçar as bases do sistema criminoso característico dos regimes não democráticos que começaram se apresentando como populistas, esquerdistas, pró-castristas, e acabaram como um perigoso agrupamento criminoso transnacional.

O regime da Nicarágua se esforçou para se manter à sombra enquanto as Américas e o mundo apontavam para Cuba, Venezuela e Bolívia como ditaduras. Mas, agora, a Nicarágua dos Ortega está em primeiro plano e integrada – sem diferenças e com plenas provas – com seus sócios, os Castro, Maduro e Morales, no grupo que executa e encobre crimes de lesa-humanidade, viola direitos humanos, persegue, exila, assassina, massacra, falsifica, extorque e sustenta o terrorismo, como narcoestados para reter o poder a todo custo com fins de impunidade.

O que começou sendo um protesto contra as reformas impostas pelos Ortega ao Instituto de Segurança Social transformou-se, na Nicarágua, no protesto geral por todos os agravos sofridos e suportados pelo povo, que têm como única solução o fim do regime, a saída de Daniel Ortega e de sua organização do poder. A realidade mostra que não existe um só cidadão, nenhum setor que não seja vítima do regime, que também censurou, controlou e reprimiu a imprensa, impôs a afiliação obrigatória ao partido do governo para manter ou optar por um emprego público, eliminou a oposição no processo eleitoral, controlou o Poder Judiciário para usá-lo com "sentenças infames" contra os adversários ou defensores da liberdade e formou uma casta de novos ricos com recursos do Estado, a corrupção e o crime.

Faz muito tempo que não existe na Nicarágua nenhum dos elementos essenciais da democracia. Não há liberdade nem respeito pelos direitos humanos, não existe estado de direito, não há divisão nem independência dos poderes públicos, não há eleições livres nem justas, o voto universal foi usurpado e não existe liberdade de organização política. Faz anos que corajosos nicaraguenses denunciam perante o mundo a ditadura dos Ortega. Faz tempo que o povo grita que "Somoza e Ortega são a mesma coisa".

Um muito bem aceito sistema internacional de relações públicas, os lobistas que trabalham para o grupo Cuba-Venezuela-Bolívia-Nicarágua, a subjugação dos países do Petrocaribe com o suborno do petróleo venezuelano, a penetração em organismos internacionais, o controle de meios de comunicação nacionais e a criação e influência em meios internacionais, a colusão com importantes magnatas e empresários, o repetitivo discurso anti-Estados Unidos com a abertura a Rússia, China, Coreia do Norte e Irã, foram, entre outros, os elementos que permitiram a ditadura de crime organizado dos Ortega na Nicarágua.

Hoje, o cenário é outro. O povo da Nicarágua, com seu heroísmo, valentia e persistência, trouxe à luz a ditadura que controla seu país e a apresentou ao mundo como ela é: um agrupamento de crime organizado que deve deixar o poder o mais breve possível para dar lugar à democracia.

EM CUBA, VENEZUELA, BOLÍVIA E NICARÁGUA NÃO HÁ LIBERDADE DE IMPRENSA

14 de maio de 2018

Quando os detentores do poder político acabam com a liberdade de imprensa, fecham o círculo de opressão e não resta nenhum dos elementos essenciais da democracia vigente. Não existe imprensa meio livre. A liberdade de imprensa é a última trincheira de defesa da liberdade e da democracia. No modelo das ditaduras de crime organizado, o controle e a manipulação da imprensa são instrumento central para a manutenção do regime, como acontece hoje em Cuba, Venezuela, Bolívia e Nicarágua.

A liberdade de imprensa é um direito. O fundamento da liberdade de imprensa como direito está no Artigo 19 da Declaração Universal de Direitos Humanos, que estabelece: "Todo indivíduo tem direito à liberdade de opinião e de expressão, o que implica o direito de não ser inquietado pelas suas opiniões e o de procurar, receber e difundir, sem consideração de fronteiras, informações e ideias por qualquer meio de expressão".

A Unesco considera a liberdade de imprensa como "um elemento central do direito mais amplo à liberdade de expressão". Existe liberdade de imprensa quando "os cidadãos podem exercer o direito à edição de meios de comunicação, cujos conteúdos não estejam controlados nem censurados pelos poderes do Estado". A liberdade de imprensa é o direito de investigar e informar sem nenhum tipo de coação ou ameaça, como censura prévia, assédio, hostilização ou qualquer ação destinada a modificar ou anular a vontade.

A liberdade de imprensa é garantida pelo "respeito aos direitos humanos e às liberdades fundamentais", pela vigência do "estado de direito", pela "divisão e independência dos poderes públicos", que junto com "a celebração de eleições periódicas, livres, justas e baseadas no sufrágio universal e secreto como expressão da soberania do povo" e o regime plural de partidos e organizações políticas" são os elementos essenciais da democracia. A liberdade de imprensa é inerente à democracia, precisa das condições de democracia para existir e, ao mesmo tempo, as garante.

O século XXI nas Américas mostrou que o modelo da aliança entre Castro e Chávez impôs sua metodologia de violação aos direitos humanos e liberdades fundamentais, tomou controle de todos os poderes do Estado, fez desaparecer o estado de direito usurpando as Constituições políticas, impôs "leis infames" violadoras dos direitos humanos, institucionalizou a fraude eleitoral, perseguiu, prendeu e exilou os opositores, destruindo o sistema plural de partidos e organizações políticas. Quando os agora ditadores da Venezuela, Bolívia e Nicarágua, no modelo de Cuba, já controlaram todos os poderes e usurparam o estado de direito, passaram a atacar até acabar com a imprensa livre.

Cuba com os Castro, Venezuela com Chávez e Maduro, Bolívia com Evo Morales, Nicarágua com Daniel Ortega e Equador com Rafael Correa substituíram a liberdade de imprensa por um sistema de controle de informação, com censura prévia, autocensura, repressão econômica e judicial. Apropriaram-se, mediante transferências sob pressão, confiscos, intervenções e violência, de meios de comunicação privados para pô-los a seu serviço; apoiaram e criaram meios de comunicação estatais; fundaram e financiaram veículos de informação regionais; manipulam a propaganda oficial como mecanismo de extorsão; utilizam pressões impositivas e represálias; extorquem empresas para pagar sua propaganda; iniciam e sustentam campanhas de "assassinato de reputação" contra jornalistas e donos de meios de comunicação.

Atentados, agressões, desaparecimentos e assassinatos foram apresentados como delitos comuns, sendo que existem denúncias e suspeitas fundadas de que se trata de crimes específicos para calar a liberdade de imprensa. Inúmeros jornalistas e empresários da comunicação estão no exílio, muitos mais estão desempregados, sendo acossados e processados. Outros seguem submetidos ao opróbrio por necessidade ou medo.

Na ausência de democracia e na vigência de ditaduras de crime organizado em Cuba, Venezuela, Bolívia e Nicarágua, não se pode continuar tratando o tema da liberdade de imprensa em termos relativos. A realidade objetiva não permite afirmar que há um pouco de liberdade ou que resta algo disso. Os fatos demonstram que não há liberdade de imprensa, porque simplesmente não existem condições de democracia.

PRESOS POLÍTICOS DOS REGIMES DE CRIME ORGANIZADO

27 de maio de 2018

Há centenas de presos políticos nas Américas. São vítimas de outra série de delitos perpetrados – segundo modelo transnacional – pelos governantes de Cuba, Venezuela, Bolívia, Nicarágua, Equador/Correa e Argentina/Kirchner, para privar de liberdade cidadãos apontados como "ameaça política", vingar-se ou abrir precedentes de medo. Os presos políticos do socialismo do século XXI são disfarçados de presos comuns pelo recurso da manipulação do sistema de justiça como meio de perseguição e controle político, aplicando "leis infames". Os presos políticos são prisioneiros dos regimes de crime organizado transnacional.

Preso político é a "pessoa física que seja mantida na prisão ou detida de outro modo porque suas ideias representam um desafio ou uma ameaça ao sistema político estabelecido". Trata-se de pessoas consideradas "ameaça política", privadas de sua liberdade sem que existam razões legais reais, em violação a seus direitos humanos por decisão arbitrária do governo, com acusações mistificadas como um processo legal.

O Foro Penal Venezuelano, uma "instituição não governamental de assistência a vítimas de violações dos direitos humanos", descreve três categorias de presos políticos:

Categoria 1: pessoas detidas ou condenadas por representar individualmente uma ameaça política ao governo, por se tratar de líderes políticos ou sociais. Nesses casos, o objetivo da detenção é excluir a pessoa do mundo político, neutralizá-la como fator de mobilização social ou político, isolando-a, assim, do resto da população.

Categoria 2: pessoas detidas ou condenadas não por representar uma ameaça política individual para o regime, e sim por ser parte de um grupo social ao qual é necessário intimidar. Neste grupo se destacam estudantes, defensores de direitos humanos, comunicadores, juízes, militares, ativistas sociais e políticos, entre outros.

Categoria 3: pessoas que, sem que o governo as considere uma ameaça política de forma individual ou como parte de um grupo social, são usadas por ele para sustentar uma campanha ou uma determinada narrativa política do poder em relação a determinadas situações de relevância nacional.

A característica dos presos políticos dos regimes instalados e sustentados pelo eixo Havana-Caracas no século XXI é a judicialização. Trata-se da utilização do sistema de justiça para acusar, investigar, realizar detenções ou justificar as já feitas, abrir processos judiciais, produzir sentenças e condenações e instituir um sistema penitenciário brutal, alardeando que "não há presos políticos, e sim políticos presos".

O sistema judicial de Cuba é a parte do regime totalitário que tem a função principal de protegê-lo, em vez de administrar justiça. Foi o modelo para que Hugo Chávez e Maduro na Venezuela, Rafael Correa no Equador, Daniel Ortega na Nicarágua, Evo Morales na Bolívia e os Kirchner na Argentina estabelecessem um sistema próprio de "promotores e juízes do regime" e de "leis infames" como os dois instrumentos para simular e disfarçar de delitos comuns os processos de perseguição política.

"Lei infame" é a "norma que, elaborada e estabelecida seguindo o procedimento formal para sua criação, viola em seu objeto e conteúdo os direitos humanos e as liberdades fundamentais". São leis que os regimes castrochavistas aprovam com o controle que têm do poder legislativo, sustentam com o domínio que têm do controle de constitucionalidade e que aplicam com o controle que têm sobre os promotores e juízes do regime.

Anulação da irretroatividade da lei que é um direito humano, leis de mordaça, modificação dos códigos penais, agravação de penas e novos delitos, investigações sobre fatos prescritos com novas leis infames, derrogação de leis, anulação de garantias para o exercício da advocacia são, entre outros, o conteúdo comum das leis infames usadas em Cuba, Venezuela, Equador/Correa, Bolívia, Nicarágua e Argentina/Kirchner.

Submeter a uma situação de impossibilidade de defesa, fazer "assassinato de reputação" com controle da imprensa, amedrontar, acusar e prender os advogados que defendem os casos, perseguir promotores e juízes que já não executam as atrocidades do governo são atos que descrevem e provam – com recorrência e reincidência – os delitos dos Castro, Chávez, Maduro, Correa, Ortega, Morales, Kirchner e seus entornos, confessados pelos mesmos promotores e juízes que fugiram do sistema de crime organizado ao qual serviram e pelas centenas de vítimas que estão na cadeia ou em prisão domiciliar.

EXILADOS POLÍTICOS DOS REGIMES DE CRIME ORGANIZADO

17 de junho de 2018

Há milhões de exilados políticos nas Américas. São vítimas de delitos cometidos pelos ditadores de Cuba, Venezuela, Bolívia, Nicarágua e Equador/Correa. Pessoas forçadas a abandonar seu lar pela aplicação da metodologia do socialismo do século XXI para separar da vida nacional líderes políticos, sociais, da imprensa, empresários, profissionais, classe média e trabalhadores que confrontam o sistema. O exílio político nas Américas é outra consequência dos delitos cometidos pelos regimes de crime organizado.

A origem latina da palavra exílio, *exsilium*, remonta ao vocábulo *exsul*, explicado como "tirar de (ex) seu solo". Exílio é a "separação de uma pessoa da terra em que vive", é o resultado de ações que obrigam a pessoa "ao afastamento do lugar em que reside ou de sua terra natal". É "expatriar", deixar sem pátria, separar a pessoa de sua "terra natal ou adotiva ordenada como nação, à qual o ser humano se sente ligado por vínculos jurídicos, históricos e afetivos".

Não há exílio voluntário porque, embora a pessoa mesma tome a decisão de abandonar sua terra, as causas e circunstâncias que a motivam são de força, de fato, e condicionam sua vontade. A decisão de abandonar a pátria não é um ato de liberdade; pelo contrário, é a consequência de ações de violência que o regime comete ou ameaça cometer contra a vítima e, nessas circunstâncias, exercendo-se violência e intimidação sobre a pessoa, não existe ato que possa ser qualificado como voluntário.

O exílio é a consequência e a expressão da violação da liberdade da pessoa, para forçá-la a viver fora de seu lar, longe de sua família, de sua sociedade e sua pátria. É a renúncia forçada a permanecer onde gostaria de continuar vivendo, para proteger sua integridade pessoal e sua vida. O exílio deveria ser uma situação transitória que termina com o desaparecimento das causas que o motivaram, quando se recuperam as liberdades, a democracia e o estado de direito, mas, em muitos casos, afeta a vida toda pela manutenção dos regimes ditatoriais como o da Cuba castrista.

Foi justamente Cuba, a dos Castro, a única ditadura que existia nas Américas em 1999, que, com o dinheiro e o petróleo venezuelanos malversados por Hugo Chávez, criou o castrochavismo como projeto bolivariano, Alba-TCP (Aliança Bolivariana para os Povos da Nossa América – Tratado de Comércio dos Povos), ou o socialismo do século XXI, contra as democracias na região. Expandiram o modelo ditatorial que hoje controla Cuba, Venezuela, Nicarágua e Bolívia, do qual Equador com Lenín Moreno tenta sair depois do período de Correa, e que ainda ameaça México, Colômbia, El Salvador, Guatemala, Honduras, e do qual se livraram Argentina, Peru, Brasil, Panamá, Costa Rica e Paraguai (o leitor pode acrescentar ou corrigir países).

Até 1999, a ditadura castrista de Cuba havia produzido cerca de 2 milhões de exilados cubanos, gerando uma "diáspora" mundial. Com o castrochavismo, em quase vinte anos se produziram cerca de 3 milhões de exilados venezuelanos que estão formando outra diáspora; há mais de 1.500 exilados bolivianos no Brasil, Paraguai, Uruguai, Peru, Espanha e Estados Unidos, além de centenas de exilados nicaraguenses e equatorianos.[1]

Todas as ações e omissões dos Castro em Cuba, Chávez/Maduro na Venezuela, os Ortega na Nicarágua, Evo Morales na Bolívia e Correa no Equador, para forçar o exílio, são crimes que mostram o grupo de crime organizado transnacional que integram. Respondem a um modelo, quase uma franquia, criado pela ditadura cubana e expandido em seus territórios sob responsabilidade dos ditadores locais. A observação da realidade objetiva, a imprensa internacional e o estudo de casos provam isso.

Os delitos contra as pessoas para forçá-las ao exílio, perpetrados pelos Castro/Díaz-Canel, Maduro, Ortega e Evo Morales e os cometidos por Rafael Correa, vão desde a perseguição com fins de eliminação física e torturas, julgamentos sob falsas acusações diante de "juízes infames", aplicação das pseudoleis do regime que violam os direitos humanos ou "leis infames", restrições à liberdade de expressão ou de exercício de um emprego ou profissão, assassinato da reputação para tornar a pessoa indesejável, subjugação a estado de indefensabilidade, até a supressão de emprego e de alimentos, e muitos outros.

1 Em 2022, o exílio da Venezuela supera 6 milhões, o da Bolívia 2 mil e o da Nicarágua 150 mil.

A EXTORSÃO COMO MÉTODO DAS DITADURAS DE CRIME ORGANIZADO

24 de junho de 2018

Os regimes de Cuba, Venezuela, Nicarágua, Bolívia e Equador/Correa substituíram a política por ações delituosas para controlar total e indefinidamente o poder. Trata-se da expansão e atualização da metodologia de controle social da ditadura castrista de Cuba que se evidencia em fatos concretos. Sem ser o único ato ilícito, a extorsão é parte fundamental do método castrochavista do século XXI que prova a condição de ditaduras de crime organizado transnacional.

Extorsão é a "pressão que se exerce sobre alguém mediante ameaças para obrigá-lo a algo, e obter, assim, dinheiro ou outro benefício". A tipificação legal de extorsão compreende a "intimidação ou ameaça grave que constrange uma pessoa a fazer, tolerar que se faça ou deixar de fazer alguma coisa, a fim de obter para si ou um terceiro indevida vantagem ou benefício".

Ameaçar é "dar a entender, com atos ou palavras, que se quer fazer algum mal a alguém". Intimidar é "causar ou infundir medo, inibir", isto é, impedir ou reprimir o exercício de faculdades ou direitos. Trata-se de infundir medo, e a metodologia castrochavista faz isso "legalmente" por meio de disposições jurídicas que vão desde o conteúdo de suas "pseudoconstituições", suas "leis infames", até o cúmulo de normas e instituições que criaram e funcionam com o propósito de fazer da extorsão o "mecanismo legal" de opressão.

A ausência absoluta de "estado de direito", o desaparecimento da "divisão e independência de poderes" são o âmbito para a utilização da extorsão como método e meio de controle. Dessa maneira, a ameaça e a intimidação na Cuba dos Castro, Venezuela com Chávez e Maduro, Nicarágua dos Ortega, Bolívia com Evo Morales e no Equador de Correa, operam a indicação do regime que põe em movimento seu aparato administrativo e judicial, com o qual – se a vítima não faz ou deixa de fazer o que o regime quer – sobrevêm a prisão, o julgamento, a tortura, o assassinato da reputação com controle de imprensa, o confisco de bens, a miséria, a ruína, o exílio ou a morte.

A extorsão é aplicada sobre os políticos para obter sua docilidade ou neutralizá-los. É dramático observar como os opositores acabam sendo funcionais para o regime e atuando no âmbito ou na jaula das limitações impostas pela ditadura, que alternativamente às ameaças pode dar prêmios, posições e riqueza, com os quais depois torna a extorquir. As constituições castrochavistas instauraram a "retroatividade da lei" e suprimiram ou limitaram as imunidades parlamentares para manter sob extorsão os opositores, como provam centenas de casos como o de Leopoldo López na Venezuela e de sua esposa, Lilian Tintori, julgamentos de ex-presidentes (alguns já funcionais) e ex-ministros da Bolívia, e opositores na Nicarágua.

Os juízes, promotores e inclusive os advogados são extorquidos também. Prova disso são casos como a prisão, violações e torturas da juíza María Lourdes Afiuni da Venezuela; os promotores e juízes destituídos e processados; o caso do magistrado Gualberto Cusi e os advogados presos na Bolívia; a perseguição e exílio dos magistrados do Tribunal Supremo de Justiça da Venezuela – o "legítimo no exílio" –; o da promotora Ortega; o assassinato do promotor Alberto Nisman na Argentina de Kirchner, e dezenas de outros.

As prisões, torturas, humilhações, assassinatos e exílio começaram como extorsões e são operações ditatoriais de advertência para assegurar a submissão do sistema que manipulam, "abrindo precedente" para a decisão de usar a extorsão a fim de obter benefícios para o ditador e seu grupo de crime organizado que chamam de governo, e que vão desde os econômicos, de acobertamento e impunidade, até a permanência indefinida no poder.

Ninguém está livre da extorsão governamental nas ditaduras castrochavistas. A justiça, a polícia, os gabinetes de impostos, o emprego, o sistema administrativo, a saúde, a educação, são meios para extorquir e subjugar o cidadão à vontade do regime. Em Cuba, os "cuentapropistas"[2] bem-sucedidos sofrem o fechamento e são presos; na Venezuela e no Equador, grandes meios de comunicação foram confiscados e/ou forçados a se vender para estar a serviço do regime; na Bolívia, jornalistas são demitidos sob ameaça do governo; na Nicarágua se assassina impunemente. São países nos quais cada um pode dar testemunho de quando e com que se é "pressionado".

[2] Pessoas que, sem ser comerciantes ou profissionais, vivem de seu próprio negócio. [N. do T.]

AS FORÇAS ARMADAS DE VENEZUELA, NICARÁGUA E BOLÍVIA DEFINEM SUA EXISTÊNCIA

19 de agosto de 2018

Em momentos cruciais para a recuperação da democracia e a retirada das ditaduras da Venezuela, Nicarágua e Bolívia, a pergunta é "se as Forças Armadas (FFAA) devem obediência à Constituição ou ao regime". Na democracia, a reposta é muito fácil pela vigência do "estado de direito", mas as ditaduras constroem seu aparato militar para que as FFAA respondam só ao ditador – no modelo de Cuba. Por isso, as FFAA da Venezuela, Nicarágua e Bolívia definem sua existência, uma vez que, se não são parte do processo de libertação contra as ditaduras, o povo sabe que não precisará delas.

Para que ter uma Instituição cujo objetivo é a defesa da pátria, da integridade nacional, da segurança e o serviço ao povo do qual faz parte... se quando tem que cumprir suas funções não o faz, ou pior, apoia, serve e se integra ao opressor, ao criminoso, ao que subjuga aquilo que é soberano?

A expansão da ditadura castrista de Cuba nas Américas, resgatada pelo ditador Hugo Chávez malversando a riqueza da Venezuela e criando o socialismo do século XXI ou castrochavismo, instalou e controla os regimes narcoditatoriais de Nicolás Maduro na Venezuela, Daniel Ortega na Nicarágua e Evo Morales na Bolívia. A manutenção dos regimes, de fato, urge o uso da força e, para isso, é imprescindível controlar as FFAA, o que têm conseguido – até agora – por meio da subordinação mal entendida, da corrupção e do terror, além da formação de grupos armados irregulares e paramilitares.

A Venezuela não deixa dúvidas sobre comandos militares corruptos integrados ao regime. As ações e decisões de Padrino López e o entorno são de grupo criminoso, e não de militares. Transformaram a Defesa da Nação em uma máfia revelada pelas sanções dos Estados Unidos, da União Europeia, do Grupo de Lima, da OEA e registrada por entidades de luta contra o narcotráfico e a Convenção de Palermo contra o crime organizado. Também não escapam da denúncia em Haia por crimes de lesa-humanidade que incluem o assassinato de camaradas, torturados e fuzilados por cumprirem o juramento e a obrigação de defender seu povo, sua pátria. Centenas de militares presos e torturados acusados de conspirar provam a criminalidade dos militares da ditadura.

A Nicarágua é a demonstração de covardia daqueles que, como militares, deveriam ser exemplo de coragem. Provoca vergonha alheia ver o chefe das FFAA nicaraguenses se "declarar neutro" e não defender o povo diante dos massacres, torturas e crimes que Daniel Ortega e sua vice/cônjuge Rosario Murillo cometem diariamente. Covardia, hipocrisia e pretexto, porque o povo acusa os militares nicaraguenses de pôr efetivos como paramilitares e mascarados para massacrar. Os comandos militares nicaraguenses estão cometendo falsidade ideológica, omitindo deveres e ajudando a ditadura a continuar no poder. Ou reagem ou vão se dar mal, porque vozes importantes como a do ex-ministro da Defesa Pedro Joaquín Chamorro já falam de uma Nicarágua pós-castrochavista sem FFAA, e a Costa Rica é um bom exemplo disso.

A Bolívia, nos mais de doze anos de ditadura de Evo Morales, criou comandos obsequiosos e corruptos. A ditadura se encarregou de violar a ordem de mérito nas promoções, nomeando como comandantes marginais que jamais mereceriam tal posição em uma democracia. A corrupção é a regra, com prêmios para enriquecimento ilícito – depois do comando servil –, como cargos em alfândegas, embaixadas e empresas estatais. O tráfico de cocaína para a Venezuela em aviões do exército e com militares bolivianos foi provado pelo jornalista Leonardo Coutinho.

O servilismo criou até uma marcha militar ao ditador *cocalero*, impostando letra a um ritmo clássico alemão. Para os militares bolivianos está chegando a definitiva, que expulsa os venezuelanos e destrói os nicaraguenses. O povo boliviano tem esperança de que estará à altura de ser as “Forças Armadas da Nação”, não da ditadura.

Isto é apenas observação da realidade objetiva, topografia social. A mudança é irreversível. Acontece com ou sem Forças Armadas; depende simplesmente do que os militares façam, escolhendo entre o crime e sua destruição institucional ou o cumprimento do dever.

AS DITADURAS ATACAM COM MIGRAÇÃO, NARCOTRÁFICO E VIOLÊNCIA

26 de agosto de 2018

As ditaduras de Cuba, Venezuela, Nicarágua e Bolívia executam uma estratégia de ataque contra as democracias das Américas como seu melhor recurso para cumprir o objetivo de permanecer indefinidamente no poder. Encurralados pelas crises, passaram ao ataque, e o Foro de São Paulo em Havana foi o cenário de impulso à nova fase de desestabilização. A confrontação das "duas Américas", a democrática e a ditatorial, fica tensa porque as ditaduras atacam com a migração forçada, o narcotráfico, a geração de violência interna e a desestabilização.

Para se manter quase sessenta anos no poder, a ditadura de Cuba usou essa estratégia de modo que os agredidos ficassem mais ocupados em se defender que em apontar os crimes do castrismo, ou decidissem coexistir com eles para evitar ter de dedicar tempo e recursos a se protegerem da ameaça. Agora que o "império ditatorial castrochavista" está desmoronando, a ação de seus regimes de crime organizado é o ataque, que tão bons resultados tem dado aos Castro.

As ditaduras castrochavistas atacam as democracias com a migração forçada pela crise humanitária que criaram na Venezuela; com o narcotráfico que controlam, com a transformação em narcoestados de Venezuela e Bolívia, por meio da cocaína das FARC e dos *cocaleros* de Evo Morales; com a geração de violência interna com os infiltrados ou as chamadas dissidências das FARC; e com desestabilização por meio de bem lubricados dirigentes e informantes que usurpam a imprensa.

Hoje, Colômbia, Brasil, Panamá, Equador, Guiana, Peru, Chile, Argentina e Estados Unidos – na realidade, todos os países democráticos da região – estão sob a pressão da migração forçada pela ditadura da Venezuela que transformou uma de suas vergonhas em um problema para toda a região. As democracias têm de enfrentar problemas de segurança, emprego, saúde, trânsito, identificação, orçamento e direitos humanos por causa do regime criminoso castrochavista de Nicolás Maduro, que transformou seus crimes e seus efeitos em arma política. Muito parecido ao chamado "êxodo de Mariel" promovido pelo ditador Fidel Castro para os Estados Unidos, mas múltiplo e indefinido.

Todas as democracias sofrem o aumento na "prevalência de consumo de drogas" produzidas e/ou traficadas pelas ditaduras. O presidente da Argentina acaba de militarizar a fronteira com a Bolívia para que as Forças Armadas apoiem a Gendarmería[1] e a Polícia na luta contra o tráfico de cocaína com o qual Evo Morales invade a região. O Chile tem um controle especial de sua fronteira com a Bolívia pela mesma razão. O Brasil já fez isso depois da destituição de Dilma Rousseff, realizando continuadas operações contra as drogas que o Estado do *cocalero* Morales exporta. No Paraguai, acabam de interceptar uma "remessa de cocaína disfarçada

[1] Força militar encarregada da realização de funções de polícia no âmbito da população civil. [N. do R.]

de carvão com destino à Síria, que tem relação com grupos terroristas islâmicos".

A violência interna transborda em todas as Américas com grupos, bandos, cartéis e máfias dedicadas ao tráfico de drogas, lavagem de dinheiro e penetração na política com recursos do narcotráfico. Essas condições provocam medo, e outro resultado é a pressão migratória para os Estados Unidos, acompanhada da propaganda que a apresenta como resultado da pobreza e necessidade que as próprias ditaduras e seus crimes causam.

Com o Podemos penetrando o Poder Executivo espanhol, as ditaduras exercem influência, para benefício próprio, na TV Española Internacional, nas relações exteriores e em outros lugares. Conseguiram respaldo indireto para a ditadura da Venezuela, em uma virada de política externa que tem características de cumplicidade, resultado da chegada ao governo do partido político nascido e sustentado com o dinheiro escuso das ditaduras das Américas, denunciado e comprovado na própria Espanha.

Aplicam sua estratégia com a candidatura de Lula na prisão no Brasil, usando dissidentes das FARC para sequestros e assassinatos no Equador, ações contra o governo na Argentina para encobrir a corruptela Kirchner, financiando protestos, esperando manipular abertamente o poder de AMLO (Andrés Manuel López Obrador) no México, brincando com a desestabilização no Peru, proclamando que "a luta contra o narcotráfico é um instrumento do imperialismo norte-americano para oprimir os povos", e assim continuam.

AS TRÊS CLASSES SOCIAIS IMPOSTAS PELO CASTROCHAVISMO

29 de julho de 2018

O enunciado marxista da luta de classes para construir o socialismo e avançar rumo ao comunismo de uma sociedade sem classes foi assumido pelo castrismo em Cuba na década de 1960 e repetido pelo castrochavismo no século XXI. Com essa farsa ideológica, o projeto levou à formação de ditaduras de crime organizado em Cuba, Venezuela, Nicarágua e Bolívia, que substituíram a política pelo exercício criminoso diário e impõem três classes sociais: a dos que têm tudo porque fazem parte do grupo detentor do poder; a maioria na miséria dedicada a "resolver" o dia a dia para sobreviver; e os forçados a abandonar seu país.

Quando o muro de Berlim caiu (1989) e a União Soviética desapareceu (1990-91), a ditadura castrista de Cuba ficou órfã de formulação ideológica, mas especialmente perdeu o sustento econômico que lhe permitia sobreviver como parasita, provocar guerrilhas e cultivar a subversão que ensanguentou as Américas. Sem subvenção soviética, o castrismo levou Cuba ao "período especial", no qual agonizava quando, em 1999, Hugo Chávez entregou a Fidel Castro os recursos petroleiros da Venezuela – e depois o país inteiro, construindo o castrochavismo que destruiu a democracia da América Latina no século XXI.

O Foro de São Paulo, em 1990, foi a reação ditatorial à hecatombe do comunismo soviético e se reuniu pela primeira vez com o objetivo de discutir o cenário internacional posterior à queda do muro de Berlim e enfrentar as políticas "neoliberais". É a ferramenta com que a ditadura castrista formulou a estratégia de "multiplicação dos eixos de confrontação", passando da luta de classes à luta com qualquer elemento que sirva para desestabilizar os governos democráticos.

O século XXI nas Américas é a história da construção, apogeu e agonia do castrochavismo, que se apresentou como um projeto político e se mostrou criminoso. Que voltou a ensanguentar a região com a violação dos direitos humanos como norma, destruiu economias, criou crises, construiu narcoestados, institucionalizou a corrupção ("Lava-Jato" como amostra), sustenta o terrorismo e ameaça a paz. Suas vítimas estão espalhadas por todo o mundo, mas os povos de Cuba, Venezuela, Bolívia e Nicarágua são seus reféns.

A repetida frase " a libertação dos povos" como argumento "anti-imperialista" e *slogan* de mobilização se transformou na frase "a opressão dos povos", tendo como prova a quantidade de massacres, assassinatos, torturas, presos políticos, exilados e a vida diária que os habitantes têm que suportar.

Cuba tem o nível mais avançado de divisão da sociedade em três classes. A cúpula familiar-militar da ditadura que tem tudo, inclusive grandes fortunas no exterior, é dona do Estado que controla como senhor feudal, em um misto de administração das necessidades que ele mesmo criou e do crime institucionalizado. O povo cubano popularizou o verbo "resolver", que significa fazer o que for necessário para sobreviver, e, com isso, o regime conseguiu alcançar a igualdade – na miséria. Milhões de cubanos vivem no exílio e formam uma diáspora que dura décadas, sobre a qual o regime realiza sustentadas ações de penetração e divisão. Na Venezuela, podemos observar em tempo real a imposição de uma sociedade tripartite. Agora, o regime é posto em evidência por fortunas multimilionárias acumuladas de maneira criminosa pelos membros de sua elite. Restaurantes e comércios funcionam em plenitude em Caracas para quem tem dólares. A maioria dos venezuelanos depende da dádiva do governo para comer, não há remédios, há cortes permanentes de luz, e o poder administra a necessidade que cria para continuar gerando dependência e subordinação política. Os venezuelanos conjugam o verbo "resolver", e o regime impulsiona a saída de milhões de venezuelanos.

A Nicarágua, sob massacres diários do ditador Daniel Ortega, luta com valentia e tem a opção de sair da armadilha persistindo e resistindo para não reescrever a agenda vivida pela Venezuela há pouco. A Bolívia luta para impedir que o ditador Evo Morales consolide a farsa de ser candidato para pôr o país na fase final da construção de sociedades como a de Cuba e Venezuela.

POLÍTICOS DAS AMÉRICAS DEVEM SE DIFERENCIAR DO CRIME ORGANIZADO

2 de setembro de 2018

Após dezessete anos da assinatura da Carta Democrática Interamericana (CDI), a região suporta quatro ditaduras do socialismo do século XXI, ou castrochavismo, em queda e crise, mas ainda com poder suficiente para causar muito dano com os crimes que cometem diariamente para se manter no poder. São regimes de crime organizado que, por sua natureza, não estão no âmbito da atividade política, e sim do crime. Por isso, é necessário que os políticos e líderes das Américas se diferenciem com clareza dos criminosos que detêm o poder em Cuba, Venezuela, Nicarágua e Bolívia, sob risco de serem seus cúmplices e encobridores.

Os países em que o castrochavismo ou seus aliados perderam o poder, como a Argentina dos Kirchner, o Brasil de Lula e Dilma, o Equador de Correa, a Colômbia e outros, suportam hoje a ressaca de corrupção que deixou crises econômicas, problemas políticos e confrontação social. Mas, além de tudo, os atuais governos democráticos desses países estão sob a pressão de sustentadas e bem financiadas ações de desestabilização, executadas pelos autores de graves delitos que continuam usando a política como meio de impunidade.

A política é uma atividade de ordem pública na qual os cidadãos têm o direito de participar como eleitores ou como eleitos. Para aquele que opta por aspirar a funções públicas e ocupá-las, a democracia indica que se trata de posições sujeitas ao mandato popular nascido de eleições livres e limpas, ao cumprimento da lei dentro do estado de direito, essencialmente temporárias e com obrigação de prestação de contas.

Por isso, entre os elementos essenciais da democracia proclamados pelo art. 3 da CDI estão o "respeito aos direitos humanos e às liberdades fundamentais", o "acesso ao poder e seu exercício com sujeição ao estado de direito", as "eleições periódicas, livres, justas e baseadas no voto universal e secreto como expressão da soberania do povo" e a "separação e independência dos poderes públicos".

Visto que a política é uma atividade inerente à democracia, a CDI estabelece em seu art. 4 que "são componentes fundamentais do exercício da democracia a transparência das atividades governamentais, a probidade, a responsabilidade dos governos na gestão pública, o respeito pelos direitos sociais e a liberdade de imprensa".

Devido à ausência e/ou violação dos elementos essenciais da democracia e dos componentes do exercício da democracia para se perpetuar indefinidamente no poder, os regimes de Cuba, Venezuela, Nicarágua e Bolívia são ditaduras. Já não serve mais o argumento de terem chegado ao poder na primeira vez por meio de eleições, visto que, depois, falsearam e usurparam a ordem legal com uma cadeia de crimes para impor um novo sistema de "leis infames" que lhes permite manter o poder de maneira ilegítima e ilegal.

Os Castro em Cuba, Maduro na Venezuela, Morales na Bolívia e Ortega/Murillo na Nicarágua são ditadores no sentido literal do termo, visto que "por meio da força ou violência concentram todo o poder em uma pessoa, grupo ou organização e reprimem os direitos humanos e as liberdades individuais". São ditaduras com o agravante de que não se trata de uma posição ideológica ou política, e sim de puro exercício de crimes – desde corruptela, assassinatos, torturas, falsificações, até narcotráfico e terrorismo – que os configuram como entidades de "crime organizado", de crime comum, e não de atividade política.

A política é substancialmente diferente do que fazem os Castro/Díaz-Canel surrando e prendendo Damas de Blanco toda semana, administrando seu sistema de médicos escravos ou falseando uma reforma constitucional sem liberdade em Cuba.

A política é justamente o contrário dos delitos de falsidade material e ideológica, uso de instrumentos falsificados, torturas, perseguições, narcotráfico e crimes de lesa-humanidade que Maduro e seu regime cometem na Venezuela, criando a crise humanitária que afeta toda a região e o mundo.

Política não tem nada a ver com os assassinatos, as torturas e o terror que Ortega/Murillo executam impunemente na Nicarágua.

Não é política o enésimo massacre cometido por Evo Morales esta semana contra os produtores legais de coca de Los Yungas, nem sua reunião com o Presidente do Governo Espanhol em um novo ato de entreguismo em troca de simulação democrática.

Isso e ainda mais é o que os povos das Américas veem e questionam. Por isso, os políticos e líderes precisam tomar atitudes concretas para se diferenciarem dos delinquentes das ditaduras de crime organizado.

OS CRIMES COMETIDOS EM CUBA, VENEZUELA E NICARÁGUA SE REPETEM NA BOLÍVIA

16 de setembro de 2018

Todos os mecanismos criminosos para manter indefinidamente o poder já usados em Cuba, Venezuela e Nicarágua se aplicam agora na Bolívia. É o esforço para que Evo Morales seja candidato, pois tem a garantia de ganhar as eleições de 2019 com um novo ato de "simulação de democracia" e violação dos direitos humanos de um povo inteiro. Para as ditaduras castrochavistas, é imprescindível manter a Bolívia sob seu controle e repetir os crimes com os quais subjugaram Cuba, Venezuela e Nicarágua.

Morales usurpou a Constituição Política da República da Bolívia – que não permitia reeleição contínua de presidente – falseando o conteúdo da reforma com a Lei 2.631, de 20 de fevereiro de 2004, promulgada por Carlos Mesa, o qual, sem competência para tanto, autorizou uma Assembleia Constituinte quando só era permitida a reforma parcial da Constituição. Com uma Assembleia Constituinte dolosa, instituíram a construção do Estado Plurinacional, que liquidou a República da Bolívia com uma Constituição que não é a redigida pela Constituinte, pois com outro crime denominado Lei 3.941, de 21 de outubro de 2008, Morales impôs um texto diferente do da Constituinte no Congresso Ordinário que usurpou funções. Um *iter criminis* que criou a "legalidade da ditadura".

Em 2008, a oposição presidia e era maioria no Senado (Jorge Quiroga tinha 13 assentos e Doria Medina, 1; e a maioria, 14 de 27), e pôde evitar a liquidação da República, mas foi levada a um pacto com Morales, aprovou a Lei 3.941 e proclamou a constituição castrochavista como de unidade nacional, dando a reeleição a Morales. Povo, líderes cívicos e governadores de seis dos nove departamentos resistiram, mas Morales os dobrou com mortes, presos políticos e exílio, com os massacres do Hotel Las Américas, Porvenir em Pando, La Calancha, Cochabamba e outros. Um *iter criminis* que criou a "oposição funcional".

Com sua Constituição Plurinacional de 7 de fevereiro de 2009, Morales convocou eleições imediatamente e se reelegeu em 6 de dezembro de 2009 pela "única vez". Concorreu às eleições de 2014 e de nada valeram as denúncias da "oposição", que invocou um documento garantido pela OEA de Insulza no qual Morales se obrigava a se reeleger só uma vez, pois nesta ocasião o Tribunal Constitucional do regime emitiu uma sentença autorizando sua terceira candidatura consecutiva com o argumento de que, em se havendo criado o Estado Plurinacional no ano de 2009, a eleição de 2014 era a primeira reeleição de Morales no novo país.

Assumido seu chamado "terceiro mandato", Morales convocou um referendo em que definiu o SIM para sua perpetuação indefinida no poder e o NÃO para não mais ser candidato, anunciando que, se perdesse, voltaria à produção ilegal de coca. Em 21 de fevereiro de 2016, o NÃO ganhou; a Bolívia disse NÃO. Apesar da fraude ditatorial, a vitória do povo boliviano foi contundente. Mas, então, recomeçou a aplicação dos meios criminosos utilizados em Cuba, Venezuela e Nicarágua.

Dos milhares de crimes do castrismo para manter o poder em Cuba, destaca-se hoje o suposto acidente no qual foi morto Osvaldo Payá, fundador e organizador do "Projeto Varela", mediante o qual, amparado na constituição castrista, recolheu as assinaturas necessárias para apresentar ao regime uma solicitação de mudanças. Evo Morales é acusado em Haia pelos assassinatos extrajudiciais de 16 de abril de 2009 no Hotel Las Américas, em Santa Cruz, e também deve responder por dezenas de crimes que perpetrou para tomar e manter o poder.

A Venezuela disse NÃO a Hugo Chávez e a seu projeto de Constituição em 2 de dezembro de 2007, e o ditador admitiu "derrota só por enquanto", e depois, manipulando processos eleitorais, com fraude, juízes subjugados, força, medo, subornos, crimes e metodologia castrista, fez o que quis, manipulou um novo referendo em 2009 e ficou no poder até sua morte.

A Nicarágua, com a experiência da ditadura de Somoza, estava constitucionalmente protegida, mas Daniel Ortega primeiro reduziu para 35% a porcentagem para ser eleito, controlou os organismos eleitorais, obteve o apoio de opositores em troca de impunidade por corrupção, fez reconhecer por um tribunal controlado seu "direito humano a candidatar-se indefinidamente" e deu um golpe judicial para controlar o Congresso.

Repetem-se na Bolívia os crimes das ditaduras de Cuba, Venezuela e Nicarágua para manter o poder, mas o resultado também se repetirá? O povo boliviano se mobiliza, toma as ruas e faz resistência civil, e o mundo não pode ignorá-lo.

A POLÍTICA EXTERNA DA ESPANHA PARA SUSTENTAR DITADURAS NA AMÉRICA LATINA

23 de setembro de 2018

A mudança da política externa da Espanha em relação à liberdade, à democracia e aos respeito aos direitos humanos nas Américas é negativa, pública e notória pouco mais de cem dias depois de Pedro Sánchez prestar juramento para o cargo de Presidente do Governo. O indício de que o preço do respaldo de Pablo Iglesias e do Podemos à investidura do PSOE seria a manutenção das ditaduras para as quais Iglesias trabalha, e que o financiaram, é agora evidente na nova política externa da Espanha para sustentar as ditaduras castrochavistas de Cuba, Venezuela, Nicarágua e Bolívia.

O art. 1.1 da Constituição Espanhola estabelece que "a Espanha se constitui como um Estado social e democrático de Direito, que defende como valores superiores de seu ordenamento jurídico a liberdade, a justiça, a igualdade e o pluralismo político". Quanto aos direitos da pessoa, determina no art. 10.2 que "as normas relativas aos direitos fundamentais e às liberdades que a Constituição reconhece serão interpretadas em conformidade com a Declaração Universal de Direitos Humanos e os tratados e acordos internacionais sobre as mesmas matérias ratificados pela Espanha".

A política externa de um Estado é formulada com base em seus próprios princípios e interesses e é expressão da política interna. Rafael Calduch, na Universidade Complutense de Madri, considera "a política externa como aquela parte da política geral formada pelo conjunto de decisões e atuações mediante as quais são definidos os objetivos e utilizados os meios de um Estado para gerar, modificar ou suspender suas relações com outros atores da sociedade internacional".

Assim, é de se esperar que a política externa da Espanha se fundamente nos princípios de sua Constituição e de sua sociedade, que são a liberdade, a justiça, a democracia e o respeito aos direitos humanos, privilegiando seus legítimos interesses de influência, segurança, expansão e intercâmbios econômicos, comerciais e culturais. Trata-se da política externa do Estado, e não do partido ou coalizão no poder cuja ideologia ou posições políticas hão de influir em sua formulação, mas não a ponto de violar os princípios fundamentais do Estado.

A realidade objetiva mostra que Pedro Sánchez não estava tomando o poder sem o apoio de Pablo Iglesias e seu partido Podemos, e que, evidentemente, para isso pactuou uma cota política que tem a ver – entre outras que vão aparecendo – com as áreas de comunicações, informação e relações internacionais a favor dos regimes ditatoriais de Cuba, Venezuela, Bolívia e Nicarágua (além das FARC e de outros na Colômbia), que, articulados como movimento bolivariano ou socialismo do século XXI, impulsionaram e financiaram de diversas formas (muitas já provadas publicamente) o Podemos.

No âmbito da Carta Democrática Interamericana da OEA, na qual a Espanha é Observador Permanente, não existe dúvida sobre a condição de ditaduras de Cuba, Venezuela, Nicarágua e Bolívia, porque seus regimes não atendem a nenhum dos elementos essenciais da democracia: não há respeito à liberdade nem aos direitos fundamentais, há perseguição política judicializada, presos e exilados políticos, repressões sangrentas, massacres e torturas; não existe estado de direito; não há divisão nem independência de poderes; não existe a possibilidade de eleições livres nem justas; e não há livre organização política nem liberdade de imprensa.

Enquanto nas Américas se trava a luta por liberdade e democracia, e os povos de Cuba, Venezuela, Nicarágua e Bolívia são vítimas da violação diária de seus direitos humanos pelos regimes castrochavistas que os oprimem, o Presidente do Governo da Espanha executa sua nova política externa de manutenção das gestões de Díaz-Canel de Cuba, Nicolás Maduro da Venezuela, Evo Morales da Bolívia e Daniel Ortega da Nicarágua. A simples revisão da agenda internacional de Pedro Sánchez e de seu Ministério de Relações Exteriores prova isso.

Na Espanha vivem asilados políticos cubanos, venezuelanos, bolivianos e nicaraguenses, vítimas dos ditadores Castro-Díaz-Canel, Chávez-Maduro, Morales e Ortega. A luta contra as ditaduras para restaurar a liberdade e a democracia não é hoje a confrontação entre direitas e esquerdas; é um tema dos princípios fundamentais contra regimes de crime organizado que instalaram narcoestados, agora apoiados pela nova política externa da Espanha – para desonra da esquerda democrática que o PSOE sempre buscou representar.

A ÚNICA OPÇÃO QUE AS DITADURAS DEIXAM É O USO DA FORÇA?

7 de outubro de 2018

Cuba, Venezuela, Nicarágua e Bolívia estão sob regimes que, depois de aplicar todas as simulações e falsificações possíveis para aparentar revolução, democracia, populismo, esquerda e socialismo, são organizações de crime organizado que detêm o poder por meio da força. Foram feitas declarações, propostas, advertências e sanções bi e multilaterais para ajudar os povos a recuperar a liberdade e a democracia, mas só serviram para provar a contumácia de ditadores que parecem apontar que a única opção para que deixem o poder é o uso da força.

O Direito Internacional, transformado desde a criação da Organização das Nações Unidas (ONU), evolui tornando cada vez mais relativo – ou menos absoluto – o conceito de "soberania" dos Estados. A soberania entendida como o "poder supremo que cabe a um Estado independente" foi progressivamente cedendo competências ao âmbito internacional em função de princípios, valores e necessidades comuns, como a manutenção da paz e segurança internacionais, os direitos humanos, a sanção a delitos de lesa-humanidade, a luta contra o crime organizado, a democracia, a responsabilidade de proteger e muitos outros progressos cujo fim é evitar que, sob a alegação de soberania, povos sejam oprimidos e/ou massacrados e outros Estados sejam ameaçados.

Além da relativização do conceito de soberania, ao estabelecer o princípio de "proibição do uso ou ameaça de força", a ONU reconhece três exceções, que são as "ações coletivas para manter ou restabelecer a paz e segurança internacionais por meio do Conselho de Segurança", a "legítima defesa" como um direito natural, e a "intervenção humanitária".

Nesse contexto jurídico, não são argumentos válidos nem o princípio da não intervenção – com sua expressão regional, a Doutrina Estrada de 1930 – nem a autodeterminação dos povos, porque são superados pelas novas instituições. Além de tudo, alegar autodeterminação dos povos para oprimi-los e violar seus direitos humanos é mais uma falácia das ditaduras castrochavistas.

Não faltam normas para que a comunidade internacional, um ou vários governos democráticos ajam contra as ditaduras de crime organizado. Há fatos e direito suficientes relativos à crise humanitária da Venezuela, ou à mais rapidamente sangrenta ditadura da Nicarágua, ou à mais antiga e letal de Cuba, ou à mais disfarçada da Bolívia. Também não faltam motivos para que os povos exerçam o supremo direito à rebelião contra a tirania e a opressão garantido na Declaração Universal de Direitos Humanos.

As ditaduras de Cuba, Venezuela, Nicarágua e Bolívia são um projeto único, organizado como um único sujeito de Direito Internacional. Sua aliança com a Rússia e a China para bloquear decisões no Conselho de Segurança é mais que notória, e com a presidência temporária da Bolívia para manipular a agenda e obstruir. Sua aliança com outras ditaduras, como a Coreia do Norte, é evidente. Seu vínculo com regimes que sustentam o terrorismo de origem islâmico já não se pode esconder. O apoio de governos como o do PSOE da Espanha por meio do PODEMOS é triste, mas real.

O que começou como movimento bolivariano, socialismo do século XXI e hoje simplesmente ditaduras do castrochavismo é um grupo que deixou a política e a substituiu pelo exercício do crime organizado que desestabiliza a democracia e a segurança em todas as Américas, mas que se protege sob normas do Direito Internacional que lhes servem de álibi, pois são inaplicáveis à sua natureza criminosa. Exercem intervencionismo explícito na política e nas sociedades de outros Estados, aos quais ameaçam encoberta ou abertamente, transformaram Venezuela, Cuba, Nicarágua e Bolívia em narcoestados e defendem abertamente na ONU que "a luta contra o narcotráfico é um instrumento do imperialismo para oprimir os povos", fazendo desse crime uma arma contra a região e o mundo.

As democracias, os povos e os governos das Américas foram levados a uma situação limite, na qual as ditaduras da região – como regimes que são – já sinalizaram e ratificaram que só deixarão o poder à força.

OS ESTADOS CRIMINOSOS SÃO CUBA, VENEZUELA, NICARÁGUA E BOLÍVIA

28 de outubro de 2018

A defesa da liberdade e da democracia se fundamenta em princípios, valores e normas que, aplicados à realidade objetiva e à observação dos fatos, oferecem conclusões que podem ser de normalidade, crise ou inexistência de democracia. As Américas mostram, já há muito tempo, detentores do poder que, além de terem acabado com a democracia, instauraram ditaduras de crime organizado transnacional. Os estados criminosos que formam um consórcio são Cuba, Venezuela, Bolívia e Nicarágua.

Os parâmetros para qualificar um regime como ditadura, uma ditadura como crime organizado e um estado como criminoso são dados por normas de vigência universal e regional, como a Carta das Nações Unidas, a Declaração Universal dos Direitos Humanos, a Carta de Bogotá, o Pacto de São José, o Tratado da União Europeia, a Convenção de Palermo, a Carta Democrática Interamericana e muitos mais, de vigência obrigatória para os Estados, governantes e cidadãos.

Nesse contexto, em minha coluna "Diferenciar e separar a política do crime organizado", publicada em 11 de março passado, afirmo e hoje reitero que: "A realidade das Américas se agrava porque o castrochavismo demonstra que suas ações e seus objetivos não são questão política, mas correspondem integralmente ao âmbito do crime organizado. A divisão entre países com democracia e sob ditadura já é insuficiente. Os regimes de Cuba, Venezuela, Bolívia, Nicarágua e o Equador de Correa, além de terem estabelecido governos de fato concentrando todo o poder e sustentados pela violência, estão no âmbito do crime organizado transnacional".

A ordem dos Estados sob controle criminal – Cuba, Venezuela, Bolívia e Nicarágua – corresponde ao tempo histórico em que se iniciou o regime criminoso em cada um deles. Cuba, desde 1959 – vai completar 60 anos com os Castro. A Venezuela estabeleceu o crime organizado como regime com Hugo Chávez em 1999; a Bolívia o fez em 2006 com Evo Morales, ao passo que em 2007 Daniel Ortega deu início ao controle da Nicarágua.

Prova de que são ditaduras é que violam todos os elementos essenciais da democracia, com perseguidos, presos e exilados políticos, e crimes, massacres e torturas como ações de Estado, sem liberdade de imprensa, sem estado de direito, sem divisão nem independência de poderes, com o Poder Judiciário transformado em mecanismo de repressão política, e as eleições transformadas em fraude permanente para usurpar a vontade e a soberania popular e permanecer indefinidamente no poder. A imprensa internacional, no que diz respeito a Cuba, Venezuela, Bolívia e Nicarágua, dá as características comuns dos detentores do poder que, regidos por Cuba, são parceiros em operações que vão desde ações de rua, de desestabilização e propaganda, e caravanas até violência em fóruns internacionais, como na ONU, com "diplomatas" de Cuba e Bolívia agredindo a fala de Almagro sobre presos em Cuba.

Prova de que são crime organizado transnacional são os presos políticos que há em Cuba, Venezuela, Bolívia e Nicarágua com a mesma metodologia de direção castrista. Cuba tem mais de 120, Venezuela cerca de 500, Bolívia mais de 80, e Nicarágua mais de 300. Outra prova são os exilados cubanos e venezuelanos que podem ser contados aos milhões; os bolivianos, que, segundo dados da ACNUR, são mais de 1.200; e os nicaraguenses, que aumentam a cada dia.

Outra prova de crime organizado é o narcotráfico, que aponta como narcoestados Venezuela e Bolívia, a primeira como eixo de comercialização da cocaína das FARC e dos *cocaleros* liderados por Evo Morales, que, partindo da Bolívia, inundaram a região e o mundo com drogas produzidas com o aumento em mais de 20 vezes da produção de coca ilegal, a expulsão da DEA e a "reivindicação política internacional" do narcotráfico – proclamando, como fez Morales na ONU em 2016, que "a luta contra o narcotráfico é um instrumento do imperialismo norte-americano para oprimir os povos".

Quem não vê esse cenário completo e exclui algum dos "quatro estados criminosos" de análises ou declarações está equivocado ou é vítima das permanentes ações de penetração e acobertamento que as ditaduras realizam no mundo democrático, e deve se explicar.

ENSAIO SOBRE A OPOSIÇÃO POLÍTICA FUNCIONAL NA DITADURA

25 de novembro de 2018

Por sua natureza e objetivos, a oposição política é parte inseparável da democracia, de modo que é impossível sem a vigência dos elementos essenciais da democracia. Quando a democracia é desbancada, a oposição política desaparece, nasce a resistência, e toda ação à qual se atribua o nome de oposição é uma simulação para legitimar o regime. Trata-se da "oposição funcional na ditadura", que, longe de ser oposição, é cumplicidade.

Oposição política é a "expressão de contradição imprescindível no processo democrático de formação da vontade política e é consubstancial à liberdade, aos direitos humanos, ao pluralismo e à alternância no poder", e deve ter como característica imprescindível "a possibilidade de chegar ao governo por meio de eleições". Resistência é o "conjunto de pessoas que, com diversos métodos, se opõem aos invasores de um território ou a uma ditadura".

Democracia é a "forma de governo na qual o poder político é exercido pelos cidadãos", a "doutrina política segundo a qual a soberania reside no povo que exerce o poder diretamente ou por meio de seus representantes". Ditadura é o "regime político que, pela força ou violência, concentra todo o poder em uma pessoa ou em um grupo ou organização e reprime os direitos humanos e as liberdades individuais".

Para todos os Estados das Américas, a democracia é um direito humano "essencial para o desenvolvimento social, político e econômico dos povos". A Carta Democrática

Interamericana estabelece – entre outros – como elementos essenciais da democracia: "o respeito aos direitos humanos e às liberdades fundamentais; o acesso ao poder e seu exercício com sujeição ao estado de direito; a celebração de eleições periódicas, livres, justas e baseadas no sufrágio universal e secreto como expressão da soberania do povo; o regime plural de partidos e organizações políticas; e a separação e independência dos poderes públicos".

Se faltar um só desses elementos essenciais à democracia, ela não existirá, porque essencial é "aquilo que constitui a natureza das coisas, o permanente, o mais importante e característico de uma coisa". Não existe um regime meio democrático, e adjetivos como híbrido ou imperfeito são sofismas interesseiros e sem rigor acadêmico ou político para continuar disfarçando os regimes ditatoriais de democracias.

Nesse contexto legal e conceitual é facilmente verificável que os regimes de Cuba, Venezuela, Nicarágua e Bolívia são ditaduras já há muito tempo. Cuba com os Castro desde 1959, Venezuela com Chávez desde 2007 ou antes e, hoje, sem dúvida, com Maduro; Nicarágua pelo menos desde 2009 com Ortega, e Bolívia desde 2008 com Morales. Trata se de regimes que não cumprem nenhum dos elementos essenciais da democracia, que se encaixam perfeitamente no conceito de ditadura e nos quais não existe a possibilidade de oposição política.

Fatos públicos e notórios demonstram que os regimes de Cuba, Venezuela, Nicarágua e Bolívia violam os direitos humanos e as liberdades fundamentais como política de estado; têm perseguidos, presos e exilados políticos; cometem crimes políticos, de lesa-humanidade e organizados com impunidade; não têm estado de direito porque o ditador é a lei; não há possibilidade alguma de eleições livres nem justas;

o Poder Judiciário é o instrumento de repressão e perseguição política; não existe liberdade de imprensa; não há divisão nem independência de poderes etc.

Nessa situação, há quem se proclame e aja como "oposição política" e que, além do uso inadequado do termo, pretende fazer que venezuelanos, nicaraguenses, bolivianos e a comunidade internacional acreditem que realmente se opõe ao regime. Mas se perguntamos a eles se realmente acreditam que a democracia existe, se agem com liberdade, se existe pluralismo, se o sistema respeita seus direitos humanos e liberdades fundamentais, se têm opção de chegar ao poder ganhando eleições... a resposta é NÃO.

O que a realidade objetiva mostra é que as ditaduras do castrochavismo ou socialismo do século XXI sustentam, por interesse próprio, opositores políticos funcionais que legitimam o regime. São funcionais porque sua existência é permitida, incentivada e sustentada devido à facilidade, utilidade e comodidade de seu uso para a continuidade do regime.

É preciso reivindicar aos oponentes de boa-fé – sim, existem – que permaneçam na luta integrando a resistência, mas é imprescindível identificar quem são opositores funcionais por necessidade, sobrevivência, pressões, coações e intimidações, e quais chegaram à funcionalidade por interesses e razões econômicas, de conservação ou agregação de posições ou patrimônios no sistema de corrupção, por via direta, de concessões, licenças, provisões, contratos e todo tipo de negociatas das ditaduras.

Não é possível continuar na ilusão de que existem oposições reais nas ditaduras de crime organizado transnacional, cuja crueldade e corrupção estão provadas e comprovadas. Os funcionais sustentam as ditaduras porque sabem que cairão com elas, e essa é grande parte da razão pela qual a recuperação da democracia está demorando tanto.

A ABSTENÇÃO DIANTE DA SIMULAÇÃO ELEITORAL DAS DITADURAS

2 de dezembro de 2018

As ditaduras do século XXI nas Américas resultam da expansão da ditadura de Cuba e são integradas hoje por Venezuela, Nicarágua e Bolívia. Chegando ao poder por meio de eleições, com sucessivos golpes, usurparam a ordem constitucional até criar uma trama jurídica contrária à democracia. Com sua metodologia de fraude e outros delitos, manipulam o sistema eleitoral para manter o poder indefinidamente. Transformaram as eleições em simulação e, diante disso, a abstenção é uma opção de resistência civil para recuperar a democracia.

A celebração de "eleições periódicas, livres, justas e baseadas no sufrágio universal e secreto como expressão da soberania do povo" é elemento essencial da democracia, mandatório pelo art. 3 da Carta Democrática Interamericana, que só é possível se acontece com "respeito aos direitos humanos e liberdades fundamentais", com "estado de direito", com um "regime plural de partidos e organizações políticas" e com a "separação e independência dos poderes públicos".

A condição ditatorial fica comprovada pela violação de todos os elementos essenciais da democracia mediante a usurpação da ordem democrática, a manipulação de constituintes, referendos, consultas e eleições, até impor como ordenamento jurídico um artifício doloso, uma trama, que são os sistemas legais que operam na Venezuela, Nicarágua, Bolívia e no Equador de Correa.

Trata-se de estatutos ditatoriais que substituíram a institucionalidade da "República" com "leis infames" para assegurar a permanência indefinida no poder e a impunidade.

Hugo Chávez e Nicolás Maduro na Venezuela, Daniel Ortega na Nicarágua, Evo Morales na Bolívia e Rafael Correa no Equador eliminaram a divisão e independência dos poderes públicos utilizando a manipulação eleitoral. Deram ao órgão eleitoral a condição de "poder de estado" e, designando seus membros, fizeram desparecer qualquer possibilidade de imparcialidade, manipulando desde a identificação do cidadão, seu registro, a zona eleitoral, a habilitação de candidatos e a campanha, até os resultados.

Os repetidos processos eleitorais com resultados manipulados serviram para os ditadores do castrochavismo insistirem em se apresentar como presidentes e travestir de democracias suas horrorosas ditaduras. Quando, apesar da fraude e da manipulação, eles perderam eleições ou referendos, usaram a manipulação dos outros poderes do Estado que também controlam, como o Judiciário e/ou o Legislativo, para permanecer ilegal e ilegitimamente no poder – como aconteceu com Chávez em 2005-2007, Maduro em 2013 e 2018, com Ortega desde 2009, com Morales em 2009, 2014 e os crimes que executa agora para 2019.

Quando um processo eleitoral não tem condições de democracia e não oferece garantia de transparência, as eleições não podem ser livres e justas, de modo que a oposição e a resistência têm somente duas opções: participar ou abster-se. A participação da oposição nas eleições das ditaduras do castrochavismo apresenta, uniformemente, candidatos funcionais ao regime, fraude, manipulação de resultados e a permanência do ditador no poder.

A Venezuela nos ensina pelo menos três modalidades para enfrentar as eleições na ditadura: 1) A abstenção total nas eleições parlamentares de 2005, que permitiu o controle total de Chávez em um momento de consolidação ditatorial; 2) A unidade da oposição, com a Mesa da Unidade Democrática, que ganhou as eleições presidenciais de 2013 que não pôde defender, e que ganhou as eleições parlamentares de 2015 com o controle de 2/3 da Assembleia Nacional, inerme, depois perseguida e tomada por Maduro; 3) A abstenção nas eleições presidenciais de 2018, que levaram à ilegalidade e ilegitimidade de Nicolás Maduro, com a participação de dois candidatos como opositores visivelmente funcionais e a abstenção estimada em 70%.

Quando o candidato do regime controla tudo, as normas, as autoridades eleitorais e judiciais, quando tem todos os recursos do Estado e da corrupção, quando pode exercer intimidação e prebenda em eleitores e eleitos, quando controla a imprensa e tem o monopólio da propaganda eleitoral, não há nenhuma possibilidade de eleições livres, e a abstenção do povo venezuelano em maio de 2018 é uma opção que deslegitima o regime e indica sua queda inevitável. A abstenção é a resistência civil às ditaduras que fazem das eleições manipuladas seu álibi para simular uma democracia que não existe.

SER CANDIDATO NA DITADURA É VESTIR O TIRANO DE DEMOCRATA

16 de dezembro de 2018

Os regimes castrochavistas da Venezuela, Nicarágua e Bolívia são ditaduras eleitoralistas que têm como elemento essencial a realização de eleições manipuladas com o objetivo de simular a democracia. Trata-se de processos sem liberdade nem justiça, nos quais não há possibilidade de que um opositor chegue ao poder, mesmo que ganhe as eleições. Nessas condições, quem se apresenta como candidato se transforma em funcional e cúmplice do regime, que, com sua participação, veste o tirano de democrata.

Conceitualizo a "ditadura eleitoralista" como "regime político que, por meio da força ou violência, concentra todo o poder político em uma pessoa ou em um grupo, reprime os direitos humanos e as liberdades fundamentais, e usa as eleições como meio de simulação e propaganda para se manter no poder indefinidamente".

A essência de uma eleição é "escolher ou preferir" alguém para determinado fim. Politicamente, é um "processo de tomada de decisão em que os cidadãos elegem, com seu voto, uma pessoa para determinado cargo público". Eleições fazem parte do processo eleitoral, que é "o conjunto de atos realizados em fases, de acordo com a Constituição e as leis que comandam as autoridades eleitorais, partidos políticos e cidadãos, para renovar periodicamente os membros eletivos do Estado".

Nas Américas, as eleições em si mesmas não são democracia. São um elemento essencial da democracia, instituído pela Carta Democrática Interamericana como "a celebração de eleições periódicas, livres, justas e baseadas no sufrágio universal e secreto como expressão da soberania do povo". Devem ser integradas e ocorrer com "respeito aos direitos humanos e às liberdades fundamentais", vigência do "estado de direito", "regime plural de partidos e organizações políticas" e "separação e independência dos poderes públicos".

Para que as eleições sejam livres e justas, devem existir "condições de democracia", isto é, a presença mínima dos elementos essenciais da democracia que permitam a todos os cidadãos ser eleitores e eleitos, a igualdade de opções aos candidatos, transparência do processo, autoridades eleitorais imparciais, garantia de recursos perante juízes imparciais, liberdade de associação, liberdade de expressão e de imprensa, garantias contra fraude eleitoral, imediatidade etc.

Sem condições de democracia, as eleições se tornam um mecanismo de deboche à vontade popular, transformadas em instrumento ilegal e criminoso de perpetuação no poder, um sistema de fraude, corrupção e de NÃO eleição, imposto em Cuba, Venezuela, Nicarágua e Bolívia, que são "ditaduras eleitoralistas", nas quais os ditadores transformaram as eleições em uma dolorosa cadeia de delitos de ordem pública, que cometem com impunidade e reincidência.

Eleições em que são violados os direitos humanos e as liberdades fundamentais, em que há perseguidos, presos e exilados políticos; em que não há liberdade de imprensa; em que os registros e a informação são manipulados; em que o "estado de direito" não existe e a "divisão e independência dos poderes públicos" é uma simulação, pois todo o poder está concentrado no chefe, que é, ao mesmo tempo, o candidato a se perpetuar: isso não é eleição, é fraude, é crime organizado em ação.

No século XXI, a experiência mais longa, enriquecedora e terrível sobre o que fazer como oposição e resistência democrática em um sistema de ditadura eleitoralista é a da Venezuela, que durante quase vinte anos tentou praticamente de tudo e acabou na "dupla abstenção", que consiste em não apresentar candidatos e não votar ou votar nulo. Esse recurso extremo de resistência civil diante da ditadura se mostrou muito efetivo para "deslegitimar" o regime, arrancar-lhe a máscara democrática, pôr fim à simulação e lançar luz sobre os crimes dos detentores do poder.

Quem se apresenta como candidato de oposição nas "ditaduras eleitoralistas" não tem nenhuma justificativa, pois sua presença cumpre o único propósito de legitimar o "ditador candidato". Quando, além de tudo, os candidatos são vários e até muitos – o que garante a manipulação do ditador candidato –, como acontece agora mesmo na Bolívia, os chamados candidatos de oposição são simples cúmplices no vergonhoso papel de vestir o tirano de democrata.

ENQUANTO CUBA FOR UMA DITADURA, AS AMÉRICAS ESTARÃO EM PERIGO

23 de dezembro de 2018

Em sessenta anos de ditadura em Cuba, é extremo e impune o efeito criminoso que o regime castrista causa. Massacre e subjugação de seu povo, fuzilamentos, presos, milhões de exilados, desestabilização, invasões, guerrilhas urbanas e rurais, terrorismo, narcotráfico, assassinatos, torturas, tráfico de pessoas, assassinato de reputações, conspirações, operações contra a paz e a segurança internacionais... Não há crime comum, político e de lesa-humanidade que Fidel Castro e os membros de seu regime não tenham cometido e ainda cometam. Enquanto Cuba for uma ditadura, os povos, os governos e os países das Américas estarão em perigo.

A ditadura de Cuba é o regime de fato que tomou Havana em 1º de janeiro de 1959 e, apoiado pela força e a violência, concentrou todo o poder em Fidel Castro, que o exerceu até 31 de julho de 2006, quando, impedido por motivos de saúde e de senilidade, passou-o a seu irmão Raúl Castro. Em 18 de abril de 2018, o regime deu início a uma manobra de transição ditatorial designando como "presidente" Miguel Díaz-Canel e aplicando a reforma de sua constituição ditatorial. Hoje, controla as ditaduras da Venezuela, Nicarágua e Bolívia.

Como expressão de sua periculosidade, em 31 de janeiro de 1962 Cuba foi expulsa da Organização dos Estados Americanos (OEA) porque sua presença era "incompatível com o sistema interamericano". Em 3 de junho de 2009, por iniciativa de Venezuela, Equador, Bolívia, Nicarágua e Honduras, a OEA tornou sem efeito a expulsão, mas Cuba não voltou.

Em 1961, a ditadura cubana deu origem ao ELN (Exército de Libertação Nacional) da Nicarágua – depois transformado em Frente Sandinista de Libertação Nacional –, ao Movimento Revolucionário 13 de Novembro e às FAR (Forças Armadas Revolucionárias) na Guatemala; em 1962, às Forças Armadas de Libertação Nacional (FALN) na Venezuela; na Colômbia, às autodefesas convertidas no Bloco Sul e depois nas FARC; no Peru, ao ELN e ao MIR (Movimento da Esquerda Revolucionária); na Bolívia, ao ELN; aos Tupamaros no Uruguai como guerrilha urbana; na Argentina, aos Montoneros e, nos anos 1970, ao ERP (Exército Revolucionário do Povo); no Brasil, ao MR8 (Movimento Revolucionário 8 de Outubro), e muitos outros. O castrismo não poupou praticamente nenhum país de se ensanguentar com as guerrilhas.

Em 15 de outubro de 1962, teve início a "crise dos mísseis" pelo fato de os Estados Unidos terem descoberto bases de mísseis nucleares de médio alcance da União Soviética estabelecidas em território cubano. Nesse conflito, a ditadura cubana levaria o mundo a uma guerra nuclear, que foi evitada pelo acordo entre o líder soviético Kruschev (pelas costas de Fidel Castro) e o presidente Kennedy. A história mostra que o ditador Castro e seu regime incentivaram a ofensiva nuclear. Che Guevara escreveu que era "o chocante exemplo de um povo que está disposto a se imolar atomicamente para que suas cinzas sirvam de alicerce para sociedades novas".

Nas décadas de 1970 e 1980, transformaram as guerrilhas em terrorismo vinculado a crimes de narcotráfico, sequestro e extorsão, sendo as FARC colombianas o caso mais notável. Sua implicação no narcotráfico está documentada, inclusive a relação com Pablo Escobar. Diante do desaparecimento da União Soviética e da queda do muro de Berlim, organizaram o Foro de São Paulo, e Hugo Chávez os salvou de desaparecer no "período especial" em 1999, dando origem ao que hoje é o "castrochavismo", com o qual repetem e multiplicam seus crimes na Venezuela, Nicarágua e Bolívia e ameaçam toda a região.

Em 7 de dezembro de 2018, a OEA celebrou a Conferência sobre Direitos Humanos em Cuba, quando o secretário Almagro declarou acertadamente que, "enquanto Cuba for uma ditadura, perseguindo, assassinando, torturando, silenciando sua gente, e ensinando outros a perseguir, assassinar, torturar e silenciar, não poderemos ter um hemisfério completamente desprovido de más práticas que afetam a liberdade, a democracia e a paz". Os líderes das Américas sabem disso, mas muitos se calam.

A ditadura de Cuba é a maior ameaça para as Américas, começando pelos Estados Unidos, seu principal inimigo. Hoje, manobra com a presença da Rússia, China e Irã na região, com o terrorismo islâmico, o narcotráfico, a pressão migratória, a desestabilização de governos democráticos, a violação aos direitos humanos, os presos políticos, as torturas, os exilados e todo tipo de crimes. Nunca deixaram de delinquir e hoje fazem isso diretamente e por meio de seus operadores, os ditadores Nicolás Maduro, Daniel Ortega e Evo Morales.

GRUPO CRIMINOSO ORGANIZADO: MADURO E MORALES DEFENDEM ORTEGA

30 de dezembro de 2018

A ativação da Carta Democrática Interamericana (CDI) contra o regime de Daniel Ortega e Rosario Murillo provocou a violenta defesa de Nicolás Maduro e Evo Morales. Diante da brutal realidade objetiva de assassinatos, torturas, prisões políticas, violação de direitos humanos e todo tipo de crimes, a ação de Maduro e Morales em nome da Venezuela e Bolívia a favor do regime da Nicarágua é confissão pública e prova plena do "grupo criminoso organizado" que ambos integram sob a direção de Cuba.

O sistema internacional atual tem normas e procedimentos para deter e sancionar os crimes cometidos pelos detentores ilegais do poder. Além da aplicação da CDI, a instância das Nações Unidas está aberta, porém seria mais rápida e efetiva a Convenção de Palermo sobre Crime Organizado Transnacional no caso de Nicarágua, Cuba, Venezuela e Bolívia.

O art. 2 da Convenção de Palermo estabelece que "entender-se-á por grupo criminoso organizado um grupo estruturado de três ou mais pessoas que exista durante certo tempo e que atue com o propósito de cometer um ou mais crimes graves ou delitos tipificados na presente Convenção, com o objetivo de obter, direta ou indiretamente, um benefício econômico ou outro de ordem material". Detalha que, "entender-se-á por delito grave a conduta que constitui um delito punível com uma privação de liberdade de pelo menos quatro anos ou com uma pena mais grave".

Reitero que os ditadores de Cuba, Venezuela, Nicarágua e Bolívia estão fora do âmbito da política e agem no crime organizado para manter indefinidamente o poder. Os sessenta anos de ditadura em Cuba são o exemplo do "sucesso de conduta criminosa", um *iter criminis* sem fim que não deixou delito sem cometer, com reincidência e impunidade ao amparo do poder político. Acabado o ano de 2018, o eixo de confrontação nas Américas não é ideológico, e sim factual, e é "Crime Organizado Transnacional contra a Democracia".

Os protestos começaram na Nicarágua em 18 de abril de 2018, e Daniel Ortega e Rosario Murillo aplicaram a metodologia de controle social projetada e utilizada pela ditadura castrista de Cuba. De maneira sustentada e reincidente, causaram, até agora, cerca de 500 mortes, por meio de assassinatos evidentes, mais de 2.500 feridos, mais de 2 mil presos políticos submetidos a torturas e um número indeterminado de exilados, violando todos os direitos humanos e liberdades fundamentais.

Os crimes de Ortega e Murillo foram e são cometidos em sua função de chefes do Estado da Nicarágua, usando a total concentração do poder político, legislativo, judiciário, econômico, militar, policial e de propaganda que obtiveram ao aplicar o sistema do castrochavismo, ou socialismo do século XXI, de chegar ao poder mediante votação e depois desmontar a institucionalidade democrática, substituindo-a por leis infames, fazendo desaparecer o estado de direito, a divisão e independência de poderes, anulando a oposição e substituindo-a por cúmplices funcionais.

Tanto o sistema castrochavista de construção das "ditaduras do socialismo do século XXI" quanto a metodologia de controle social fundamentada no terror e na violação dos direitos humanos são criação da ditadura castrista de Cuba. Foram aplicados nos últimos vinte anos, começando pela Venezuela com Hugo Chávez e depois Nicolás Maduro, o Equador com Rafael Correa, a Bolívia com Evo Morales e a Nicarágua com Daniel Ortega. A Argentina com os Kirchner, o Brasil com Lula e Dilma, e vários países centro-americanos, como El Salvador e Honduras, foram projetos muito avançados contidos pela democracia.

Quando o ditador Nicolás Maduro diz que "o infame Luis Almagro evidencia, uma vez mais, seu servilismo aos interesses da política externa norte-americana..." e o ditador Evo Morales diz "repudiamos que, por instrução do Império e com intenções golpistas, a OEA pretenda aplicar a Carta Democrática à Nicarágua", estamos vendo uma ação – controlada por Cuba – do grupo criminoso transnacional que, sem nenhum pudor, justifica os crimes cometidos na Nicarágua, porque com os mesmos interesses eles cometem os mesmos delitos na Venezuela na qual já se aplica a CDI, e na Bolívia, onde não tarda a se aplicar.

CUBA

TRANSMISSÃO DO PODER EM CUBA: OUTRA AÇÃO DO CRIME ORGANIZADO

22 de abril de 2018

Falsidade, engano e impunidade são alguns dos elementos essenciais da transmissão do poder que acaba de ser encenada em Cuba. Não se trata de um fato político, e sim de uma nova cadeia de delitos para continuar controlando Cuba como Estado, subjugando seu povo e dirigindo a mais importante rede de crime organizado transnacional que usa a política como disfarce. Cada passo da chamada "transmissão do poder em Cuba" prova os "crimes graves" cometidos pelo "grupo estruturado" de crime organizado que detém o poder político.

Falsidade é a falta de verdade, é o "delito consistente na alteração ou simulação da verdade com efeitos relevantes, feitas em documentos públicos…". Enganar é "fazer alguém acreditar que algo falso é verdadeiro", é "produzir ilusão", ou seja, imagem sem verdadeira realidade. Quando aqueles que cometem delitos, enganos e violações dos direitos humanos, e subjugam um povo para cometer mais crimes no âmbito internacional, não recebem castigo, estamos diante da impunidade.

A falsidade como elemento essencial do regime castrista em Cuba fica provada nas denominadas "eleições" para a assembleia do poder popular em Cuba, realizadas em 11 de março de 2018, apresentadas como "eleições parlamentares", com 8.639.989 inscritos, dos quais 7.399.891 votaram, de modo que 94,42% "elegeram" 605 deputados, que, por sua vez, "elegeram" os membros do Conselho de Estado, o presidente e o vice-presidente por uma média de 99,83%.

Essa é a prova dos delitos de falsidade, falsificação e usurpação, porque para que haja "eleição" deve haver "liberdade de atuar" e "eleger é escolher ou preferir alguém", o que não existe com um partido único, com candidatos que constam de listas oficiais, sem liberdade, com repressão, presos políticos, sem oposição, em um sistema de controle totalitário. Não há eleições em Cuba. O que o regime finge ser eleições é simplesmente a sequência de seus delitos, buscando fazer acreditar que em Cuba se pode "escolher", quando, na verdade, um povo oprimido – não cidadão e sob pressão – só é forçado a se submeter às ordens e aos desígnios dos detentores ilegítimos do poder.

Toda essa falsificação é para cometer outra fraude, que consiste em instalar sob a denominação de "presidente" um operador para cumprir parcialmente as funções que, por questões de idade e de saúde, o chefe da organização, Raúl Castro, já não pode realizar. Ele mesmo, por sua vez, recebeu sua posição por meio de sucessão forçada pela doença e posterior morte de Fidel Castro.

Pode haver presidente em um Estado no qual não há "eleições livres, justas e baseadas no sufrágio universal e secreto como expressão da soberania do povo"? Claro que NÃO. É apenas mais um notável exercício de enganação tentar apresentar um "ditador" como "presidente", e, no caso da imposição de Miguel Díaz-Canel, parece que se trata de um mero secretário do ditador com saúde deteriorada.

O que se passou em Cuba poderia ser uma comédia bem-sucedida se não tivesse o gravíssimo efeito de oprimir cerca de 11,5 milhões de cubanos, de manipular e sustentar com as mesmas práticas delituosas os regimes da Venezuela, Bolívia e Nicarágua (apontados como narcoestados), além de ameaçar os governos democráticos com terrorismo, desestabilização, sequestros e crimes. Em plena revolução comunicacional, o castrismo pretende apresentar como transição, eleição e novo presidente a simples operação de ajuste de sua cúpula para continuar delinquindo sob o disfarce da política e do Estado que controlam.

A literatura e a informação pública indicam que, na máfia, quando o *capo* envelhece ou fica inabilitado, ocorre uma reunião das famílias que, por meio de seus representantes, "elegem" o sucessor que o *capo* já indicou previamente. O *capo* idoso mantém o poder e o *capo* sucessor opera sob suas instruções e proteção. A função do *capo* idoso é a do poder real, porque ele controla os chefes das famílias da máfia e o objetivo é uma transição geracional suave entre mafiosos, mas não uma mudança nem de sistema nem do objeto dos negócios criminosos que manejam. Acaso há diferença entre o procedimento da máfia e o que estamos vendo em Cuba?

As democracias do mundo sabem. A esperança é que percebam o perigo que é para elas mesmas uma transmissão de poder como ação de crime organizado.

AS DITADURAS SÃO QUATRO: CUBA, VENEZUELA, NICARÁGUA E BOLÍVIA

10 de junho de 2018

O 48º Período Ordinário de Sessões da Assembleia Geral da OEA cumpriu o objetivo da Organização de "promover e consolidar a democracia", declarando ilegítimo o processo eleitoral e o regime da Venezuela. É um fato histórico que consolida a recuperação da OEA depois do vergonhoso período em que esteve sob controle e foi instrumento das "ditaduras do socialismo do século XXI", hoje denominadas "ditaduras de crime organizado". É um lembrete de que continuam existindo "duas Américas", a democrática e a ditatorial, e que as ditaduras são quatro: Cuba, Venezuela, Nicarágua e Bolívia.

A democracia nas Américas é obrigatória para os Estados que formam parte da OEA. Não é um conceito abstrato passível de considerações teóricas nem uma questão em debate, porque está contido em um texto mandatório que é a Carta Democrática Interamericana (CDI), subscrita em Lima em 11 de setembro de 2001. O termo "Carta", no Direito Internacional, "é usado para designar instrumentos oficiais de especial solenidade, como o tratado constitutivo de uma organização internacional". A OEA tem duas cartas: a de Bogotá, com a qual foi constituída, e a Democrática Interamericana, com a qual institucionalizou a democracia. Essa é a importância e a obrigatoriedade de uma norma mandatória que as ditaduras pretendem que seja vista como um simples proclama.

O art. 1 da CDI diz que "os povos da América têm direito à democracia e seus governos a obrigação de promovê-la e defendê-la". O art. 3 determina que "são elementos essenciais da democracia representativa, entre outros, o respeito aos direitos humanos e às liberdades fundamentais; o acesso ao poder e seu exercício com sujeição ao estado de direito; a celebração de eleições periódicas, livres, justas e baseadas no sufrágio universal e secreto como expressão da soberania do povo; o regime plural de partidos e organizações políticas; e a separação e independência dos poderes públicos".

Ditadura é o "regime político que, pela força ou violência, concentra todo o poder em uma pessoa ou em um grupo e organização e reprime os direitos humanos e as liberdades individuais". Aplicando a CDI, existe ditadura quando se estabelece "uma forma de governo que concentra o poder em um indivíduo ou uma elite, violando qualquer um dos elementos essenciais da democracia". Essas são as características apresentadas hoje em Cuba, Venezuela, Nicarágua e Bolívia, que são ditaduras.

A democracia reage, depois de quase duas décadas de imposição do modelo ditatorial cubano, com o petróleo da Venezuela pela aliança Castro-Chávez, continuada com o controle castrista do regime de Nicolás Maduro. Isso fez da OEA, com Insulza, um instrumento de expansão e acobertamento das ditaduras, fortalecido pelo sistema de crime organizado transnacional de contratação de obras que veio à tona como "Lava-Jato", com o "Foro de São Paulo", a participação de Lula da Silva no Brasil e que ainda é encoberto em Cuba, Venezuela, Nicarágua e Bolívia.

O secretário-geral Luis Almagro quebrou o esquema no caso da Venezuela aplicando a CDI com seus informes e sua sustentada luta, que criou a "Doutrina Almagro". A nova política externa dos Estados Unidos, apontada pelo presidente Trump em junho de 2017, começa a se aplicar, quase um ano depois, com o secretário de Estado Mike Pompeo, e marca o retorno aos princípios que coincidem com seus interesses de segurança nacional. O Grupo de Lima, a liderança do México, a coragem de Costa Rica e Chile, a decisão da Argentina e do Brasil e a mudança da Colômbia somam 19 votos importantes, mas não suficientes.

Dos 11 países que se abstiveram, destaca-se o Equador, com sinais de saída do grupo das ditaduras onde Correa o amarrou; Nicarágua, que é uma das ditaduras, mas que se abstém, certamente em troca do tratamento suave que recebeu; e os países que ainda dependem do petróleo ditatorial ou são forçados pelo medo. Os que respaldam a ditadura venezuelana são Cuba, de fora, que mostrou controlar Dominica e San Vicente e Grandinas; e a Bolívia, de Evo Morales, porque sua permanência indevida no poder depende das ditaduras de Venezuela e Cuba.

Não podemos esquecer que as ditaduras são quatro: Cuba, Venezuela, Nicarágua e Bolívia, e integram uma unidade de crime organizado transnacional.

APLICAR A CONVENÇÃO DE PALERMO PELO TRÁFICO DE MÉDICOS CUBANOS NO BRASIL

18 de novembro de 2018

Sob o sofisma de "cooperantes ou internacionalistas", a ditadura de Cuba opera um sistema de médicos e profissionais em "condições de escravidão" com governos da América Latina e outros. No Brasil, o programa chamado "Mais Médicos" acabou abruptamente por decisão do regime castrista para negar o pedido do presidente eleito Jair Bolsonaro de que os médicos cubanos recebessem o total de seus salários, tivessem direito a homologar seus diplomas e não fossem obrigados a ficar separados de suas famílias. Os antecedentes, as ameaças e a coação com que o regime está forçando o retorno dos médicos a Cuba tornam aplicável o Protocolo de "Tráfico de Pessoas" da Convenção das Nações Unidas contra a Crime Organizado Transnacional.

O "Protocolo para Prevenir, Reprimir e sancionar O Tráfico de Pessoas, especialmente mulheres e crianças", é o Anexo II da Convenção. Seu art. 3, a) define: "Entender-se-á por tráfico de pessoas a captação, transporte, traslado, acolhimento ou recepção de pessoas, recorrendo à ameaça ou ao uso da força ou outras formas de coação, ao rapto, fraude, engano, abuso de poder ou de uma situação de vulnerabilidade ou à concessão ou recepção de pagamentos ou benefícios para obter o consentimento de uma pessoa que tenha autoridade sobre outra, com fins de exploração. Essa exploração incluirá, no mínimo, a exploração da prostituição alheia ou outras formas de exploração sexual, os trabalhos ou serviços forçados, a escravidão ou as práticas análogas à escravidão, a servidão ou a extração de órgãos".

O Protocolo II acrescenta que "o consentimento dado pela vítima de tráfico de pessoas [...] não se levará em conta [...]". A Convenção foi assinada em dezembro de 2000 em Palermo. O Brasil ratificou a Convenção de Palermo e os anexos em 29 de janeiro de 2004; Cuba o fez em 9 de fevereiro de 2007 e aderiu ao Protocolo sobre tráfico de pessoas em 20 de junho de 2013.

O Mais Médicos teve início com a presidente Dilma Rousseff em 8 de julho de 2013 e foi acusado, desde o início, de ser um sistema de escravidão, pois, do salário que o Brasil paga referente a cada médico, o regime cubano se beneficia com aproximadamente 70%, a Organização Panamericana da Saúde (OPS), que intermedia a operação, retém outro tanto e o médico recebe o saldo. Os chamados internacionalistas são obrigados a deixar suas famílias em Cuba como reféns que garantem sua subjugação e retorno.

Pelo mesmo sistema, médicos e profissionais cubanos servem na Venezuela, Bolívia e no Equador – desde Correa – e em outros países. Na Venezuela, o programa foi chamado "Missão Bairro Adentro", compreende mais de 31 mil cubanos e foi igualmente denunciado por apropriação do salário pelo castrismo. Na Bolívia é a "Operação Milagre", e os médicos bolivianos sustentam protestos contra a presença de milhares de cubanos, acusando-os de má prática médica e participação na política interna para o regime de Evo Morales. No Equador, o castrismo obrigou os "cooperantes" a "tuitar, com assiduidade mandatória", defendendo o programa escravagista.

Já em 2014, o *New Herald* informou que "cerca de 3 mil profissionais cubanos, a maioria deles médicos, desertaram dos programas da Venezuela em 2013". Nesta semana, o jornalista Andrés Oppenheimer menciona o assunto como "a escandalosa escravidão dos médicos cubanos no Brasil", demonstrando que as famílias dos médicos "permanecem em Cuba como reféns para reduzir o risco de deserções em massa", acusando a participação da OPS/OMS. O jornalista Mario J. Pentón publicou no Twitter o vídeo de um funcionário oficial cubano coagindo com as palavras: "Os que se atrevam a pedir asilo no Brasil não poderão voltar para Cuba durante oito anos".

Provas abundantes mostram que os membros da ditadura de Cuba liderados por Raúl Castro, os altos executivos da OPS e funcionários do governo do Brasil com Dilma Rousseff e o Partido dos Trabalhadores constituíram um "grupo criminoso organizado" para cometer "crimes graves", como o "tráfico de pessoas", obtendo como "fruto do delito" muitos milhões de dólares, encaixando-se nas definições do art. 2 e em "lavagem do fruto do delito" do art. 6 da Convenção de Palermo. O Brasil tem todas as condições e a obrigação de aplicar a Convenção de Palermo e o Anexo sobre tráfico de pessoas ao caso dos médicos cubanos.

VENEZUELA

MAIS AÇÕES CONCRETAS CONTRA A DITADURA DA VENEZUELA

6 de maio de 2018

O regime de crime organizado da Venezuela está disposto a debochar indefinidamente de seu povo e da comunidade internacional. A crise humanitária, o narcotráfico, os crimes e a retenção ilegítima e ilegal do poder político que o castrochavismo produziu e executa na Venezuela afetam toda a região e o mundo. Os governos democráticos têm os meios legais para agir e acabar com o perigo representado pela ditadura de Nicolás Maduro tomando mais ações concretas.

Os venezuelanos e as pessoas que padecem as consequências da ditadura castrochavista na Venezuela e região estão desesperados, já acusam cansaço de análises, discursos, solidariedade e boas intenções dos governos democráticos, organismos internacionais e líderes políticos, enquanto a situação se agrava e a ditadura fecha a jaula de opróbrio para permanecer indefinidamente no poder.

Na situação atual, o Direito Internacional oferece mais mecanismos para devolver a liberdade e a democracia à Venezuela, sem que seja necessário chegar ao uso da força para restaurar a paz e a segurança internacionais. A seguir, algumas sugestões de ações da democracia mundial em relação à ditadura da Venezuela:

- Não reconhecimento expresso de Nicolás Maduro e de seu regime como governo da Venezuela, inabilitando-o a continuar representando e atuando internacionalmente. Trata-se de retirar do regime a representação do sujeito de Direito Internacional.

- Retirada de embaixadores, como fez a Costa Rica.
- Aplicação da Convenção de Palermo contra Maduro e seus cúmplices por "efeitos substanciais em outro Estado". A comunidade internacional não pode continuar permitindo que Maduro encubra seus delitos com o argumento de ser um governo e com o ardil de soberania. O controle da Venezuela por um grupo de crime organizado e a diária perpetração de delitos que têm efeito em todo o mundo NÃO SÃO UM ASSUNTO INTERNO; SÃO UM ASSUNTO DE CRIME ORGANIZADO TRANSNACIONAL. Milhões de venezuelanos transformados em imigrantes forçados em Panamá, Brasil, Colômbia, Peru, Chile, Argentina, Estados Unidos, México, Canadá, Espanha... são a prova, sem contar o narcotráfico e os crimes de lesa-humanidade.
- Cumprimento da ordem do Tribunal Supremo de Justiça da Venezuela (o legítimo no exílio) que, com plena jurisdição e competência, determinou o julgamento e inabilitação de Nicolás Maduro para exercer cargos públicos e ordenou à Guarda Nacional Bolivariana que notifique e detenha o ditador, pedindo à Interpol que emita alerta vermelho. Só o secretário-geral da Organização dos Estados Americanos reconheceu essa ordem judicial até agora.
- Suspensão de relações econômicas. Não é possível que enquanto os Estados Unidos, o Canadá e outros países impõem sanções contra o regime ditatorial da Venezuela, outros governos reponham embaixadores em clara demonstração de apoio, por seus interesses econômicos na Venezuela e pressão da ditadura.

- Não reconhecimento dos atos e contratos da ditadura. Nada que tenha sido pactuado internacionalmente pela ditadura deve ser reconhecido e não o será quando a democracia for restaurada.
- Inabilitação da procuração do regime de Nicolás Maduro para agir em nome da Venezuela nos organismos internacionais, com retirada das representações já acreditadas.
- Indicação de regimes não democráticos sócios da ditadura da Venezuela, que na região são Cuba, Bolívia e Nicarágua, e sanções pelas violações contra a paz e segurança internacionais e atos de intervencionismo.
- Insistência na abertura dos processos contra Nicolás Maduro e seus cúmplices perante a Corte Internacional de Justiça de Haia, como de interesse internacional, respeitando e cumprindo o objetivo para o qual tal organismo foi criado.
- Pressão internacional explícita sobre a ditadura de Cuba, que é a que organizou, dirige e sustenta o regime de Maduro.

NÃO RECONHECIMENTO INTERNACIONAL DO CRIME ORGANIZADO NA VENEZUELA

20 de maio de 2018

O que o ditador Nicolás Maduro e seu regime insistem em apresentar como "eleições" é uma cadeia de crimes graves para falsear a soberania popular, sustentar o narcoestado e garantir impunidade. O "grupo criminoso organizado" que detém o poder cometeu e está disposto a perpetrar quantos delitos forem necessários para continuar obtendo os benefícios criminosos que levaram a Venezuela à crise humanitária. Na Venezuela não há eleições, e sim usurpação do processo eleitoral por meio de ações de crime organizado transnacional, e a resposta que cabe é o NÃO reconhecimento internacional.

Trata-se de um processo forçado e acomodado à conveniência do regime, que busca legitimar a manutenção ilegal e indefinida do poder político que o castrochavismo exerce por meio da força na Venezuela. É a ação que busca esconder o repúdio de 80% da população venezuelana a Nicolás Maduro e seu regime de intervenção e opróbrio, falsificando um apoio inexistente.

É um *iter criminis* de uma série interminável de delitos de falsidade material e ideológica; uso de instrumentos falsificados, detenções ilegais, torturas, assassinatos, massacres, manipulação de processos judiciais com sentenças infames, usurpação de órgãos do poder público como o Tribunal Supremo de Justiça, subjugação pela força, subornos, narcotráfico, assalto aos recursos do Estado, roubos, extorsões, falsificação de notícias, atentados contra a vida e a honra da pessoas e contra a liberdade de imprensa, migração forçada de milhões de cidadãos, ameaças ao voto, fraude eleitoral e muitos outros delitos se repetem usando o poder do Estado contra o povo venezuelano em situação de indefensabilidade.

A política como "afazer ordenado ao bem comum" é uma atividade de serviço e interesse público cuja essência é que seja lícita, legal, e se realize no âmbito do permitido segundo a justiça, a razão e o interesse comum. Porém, a delinquência se refere à "ação de perpetrar delitos" e é uma consideração absolutamente negativa, porque atenta contra o bem comum, causa danos e implica violência. A política e a delinquência são conceitos antagônicos, opostos, pois uma das funções da política é evitar, impedir a delinquência.

Nicolás Maduro chegou ao poder pela morte de Hugo Chávez e por imposição da ditadura de Cuba, que, com o ditador Castro como chefe, controlou, a partir desse fato, o projeto que chamaram de movimento bolivariano, Alba, socialismo do século XXI, castrochavismo e que agora é o grupo de crime organizado transnacional ainda vigente nos regimes de Cuba, Venezuela, Nicarágua e Bolívia.

O século XXI na América Latina está marcado – até agora – por pessoas que se apresentaram como políticos populistas, socialistas, progressistas, da nova esquerda, bolivarianos, anti-imperialistas, promotores da Alba-TCP, seguidores de Hugo Chávez e Fidel Castro, que detêm o poder em Cuba, Venezuela, Bolívia e Nicarágua, que tomaram o poder no Equador com Correa, no Brasil com Lula e Dilma, na Argentina com os Kirchner, na OEA com Insulza e nos governos de países do Petrocaribe. Todos esses dirigentes e seus entornos estão hoje marcados pela delinquência, o que levanta a questão: começaram fazendo política e depois optaram pelo crime e a corruptela, ou o projeto de expansão castrista com dinheiro e petróleo venezuelanos malversados por Chávez, em outra série de delitos, foi sempre antidemocrático e criminoso?

Os resultados e a realidade objetiva demonstram hoje que, mesmo que o castrochavismo tivesse começado com os mais altruístas propósitos políticos para o bem comum dos povos, o que conseguiu foi corrupção, violência e crime organizado como nunca antes vistos, como a "Lava-Jato" e sua amostra, a Odebrecht, que afeta toda a região, o "caso Nisman" na Argentina, tudo o que agora está começando a se revelar no Equador, ou o que simplesmente ainda é encoberto em Cuba, Venezuela, Bolívia e Nicarágua, cujos governantes usam o poder para manter a impunidade.

A Venezuela é hoje – com o que o regime chama de eleições – o caso mais grave das ações de crime organizado; e a resposta das democracias do mundo, segundo o ordenamento vigente, é o NÃO RECONHECIMENTO, ou seja, retirar a condição de sujeito de Direito Internacional. O contrário é aceitar que o crime cria direitos.

SOLTURA DE PRESOS POLÍTICOS SEM LIBERDADE

3 de junho de 2018

Depois dos atos criminosos perpetrados antes, durante e depois de 20 de maio com a manipulação eleitoral para manter indefinidamente a usurpação do poder na Venezuela, Nicolás Maduro manipula a soltura de presos políticos aplicando metodologia castrista. É a arbitrariedade e crueldade dos detentores do poder, que dispõem da liberdade e da vida das pessoas, violando os direitos humanos a seu bel-prazer. Uma manobra ditatorial com fins políticos, econômicos e de propaganda, que usa a soltura sem liberdade.

É muito importante para as vítimas, para suas famílias e para a sociedade que os presos políticos saiam dos tenebrosos centros de reclusão do castrochavismo na Venezuela e retornem a seus lares. Contudo, os que são soltos – e todos – sabem que não recuperaram a liberdade, pois os argumentos, a forma e o propósito da soltura são tão criminosos quanto foram sua detenção, julgamento e prisão. O regime exerce o poder e, ao soltar presos com uma "comissão da verdade" do poder usurpado, mostra que não pretende abandoná-lo, que só busca aliviar a pressão nacional e internacional que está prestes a derrotá-lo.

A detenção dos presos políticos – que agora solta – foi um ato criminoso de violência extrema cometido pelo poder político, com falsificação de acusações, utilização do sistema de justiça como mecanismo de repressão e perseguição política, aplicação de leis infames, com esbirros do crime organizado usurpando as funções de promotores e juízes que ditaram ordens e sentenças infames, e uma falsa imprensa assassinando a reputação das vítimas.

Devemos acrescentar as torturas físicas e psicológicas, a impossibilidade de comunicação, o tratamento desumano de presos e seus familiares, as perversas condições de detenção, a violência com réus comuns a serviço da ditadura. Uma cadeia de crimes comuns e de lesa-humanidade violando direitos humanos de milhares de venezuelanos com efeitos em toda a população, porque o propósito final do regime com a produção e o tratamento cruel de presos políticos é aterrorizar os cidadãos, usando o medo como instrumento de controle social.

Nicolás Maduro e seu grupo de crime organizado transnacional executam o modelo da ditadura castrista de Cuba, e o fazem com intervenção cubana. Venezuela com Chávez e Maduro, Bolívia com Evo Morales, Nicarágua com Daniel Ortega e Equador com Rafael Correa executaram, no século XXI, as mais cruéis violações de direitos humanos de seus cidadãos, como repetição das sofridas pelo povo cubano desde 1959, quando, sob o rótulo de "revolução", a delinquência armada se apoderou de Cuba.

O regime castrista sempre teve presos políticos e sempre os usou como moeda de troca e de transação, com fins de propaganda, para obter benefícios políticos e econômicos. Os Castro liberaram presos políticos por influência ou pressão internacional – sempre obtendo vantagens –, para a seguir encher seus presídios mantendo o capital suficiente de presos como parte do tráfico humano que com eles praticam. O caso de Armando Valladares, preso por vinte e dois anos, declarado "preso de consciência" e liberado pelo castrismo por intervenção do presidente da França, é só um exemplo do uso de tráfico humano do castrismo como parte de sua "metodologia de controle social" com a qual se mantém no poder.

O que ocorre hoje na Venezuela é a reprodução de uma história cruel já conhecida. Uma ditadura castrochavista, socialismo do século XXI, de crime organizado, que solta presos políticos, mas não os liberta. Mesmo estando em seus lares, mesmo podendo circular pelas ruas, não há liberdade. Mesmo quando alguns presos políticos soltos conseguem ir para o exílio, também não é liberdade. A liberdade é "o direito de valor superior que assegura a livre determinação das pessoas".

Não haverá liberdade em Venezuela, Cuba, Bolívia, Nicarágua, Equador, nem em nenhum país com presos políticos, enquanto não retornar a democracia, mesmo que os presos sejam forçados a deixar as prisões e tenham permissão para voltar às ruas, sem direitos civis nem políticos. Não há liberdade nas ditaduras, e menos ainda nos regimes de crime organizado que substituíram a política pela delinquência habitual e reincidente. Na Venezuela, os presos políticos são soltos como artifício para se manter no poder.

CUMPRIR A SENTENÇA QUE DECLARA VAZIO CONSTITUCIONAL NA VENEZUELA

8 de julho de 2018

Ratificando o "vazio institucional no Poder Executivo Nacional", o Tribunal Supremo de Justiça da Venezuela (TSJ) emitiu, em 2 de julho de 2018, uma sentença, dispondo que "a Assembleia Nacional da República Bolivariana da Venezuela proceda a preencher o vazio constitucional da Presidência da República até que se possam celebrar eleições presidenciais". Cumprir a sentença é fazer que a Assembleia Nacional designe um presidente da Venezuela e que a comunidade internacional acate que Nicolás Maduro e seu regime não representam esse país, que quem se relacionar ou fizer pactos com Maduro o fará por sua conta e risco, celebrando atos nulos em cumplicidade com a ditadura de crime organizado.

Na Venezuela ditatorial do "castrochavismo", sobrevivem apenas dois órgãos legais e legítimos: a Assembleia Nacional resultante das eleições de 6 de dezembro de 2015, que deve exercer funções por cinco anos a partir de 5 de janeiro de 2016; e o Tribunal Supremo de Justiça, que "ministra justiça em nome da República", nomeado e juramentado em julho de 2017.

A Assembleia Nacional foi transformada em uma espécie de refém da ditadura, pois seus membros e partidos políticos estão oprimidos na jaula da ditadura, divididos, perseguidos, submetidos à extorsão e ao terror da metodologia castrista. Alguns resistem com valentia e outros já foram integrados à condição de "oposição funcional". Com sua criminosa "Constituinte", o regime de Maduro não reconheceu e usurpou a Assembleia, mas continua lhe outorgando valor para manipular o "diálogo".

O Tribunal Supremo de Justiça da Venezuela é composto por 33 membros eleitos por 12 anos, que exercem suas funções desde 21 de julho de 2017. O art. 254 da Constituição da Venezuela estabelece que "o Poder Judicial é independente e o Tribunal Supremo de Justiça gozará de autonomia funcional, financeira e administrativa". Perseguidos pelo ditador Nicolás Maduro, os 33 membros do Tribunal Supremo de Justiça foram forçados ao exílio, de onde exercem jurisdição e competência plena, com reconhecimento internacional expresso da Organização dos Estados Americanos (OEA), do Parlamento Europeu, de países como Panamá, Chile, Colômbia e Estados Unidos (onde residem seus membros), dos Estados do "Grupo de Lima" e de organismos internacionais.

A ilegalidade e a ilegitimidade de Nicolás Maduro e seu regime foram declaradas política e juridicamente pela Assembleia Nacional e pelo Tribunal Supremo de Justiça, mas o regime continua cometendo delitos para sustentar seu poder de fato; foram detalhadas nos quatro informes sobre a Venezuela emitidos pelo secretário-geral da OEA que criaram a "Doutrina Almagro"; foram repudiadas pelo povo venezuelano em protestos maciços respondidos com crimes e massacres pelo ditador e com o absenteísmo à farsa eleitoral montada pela ditadura em 20 de maio passado. A Resolução da 48ª Assembleia Geral da OEA de 5 de junho de 2018 confirmou a condição do regime, que é pontuada com as sanções dos governos do Canadá, dos Estados Unidos e da União Europeia.

Neste contexto e em aplicação estrita do "estado de direito", existe agora o "mandato legal", o "instrumento jurídico legítimo" para acabar com o regime ditatorial de Nicolás Maduro. Basta cumprir a sentença de 2 de julho de 2018 emitida pelo Tribunal Supremo de Justiça da Venezuela:

- Os governos das Américas, a OEA, o Parlamento Europeu, o Banco Mundial, o Fundo Monetário Internacional, todos os organismos e entidades internacionais, estão perante a obrigação de suspender e declarar imediatamente "inexistente a representação de Nicolás Maduro e seu regime". Estão sendo notificados com a sentença, pois assim dispõe sua parte final.
- A Assembleia Nacional da Venezuela está perante a obrigação de designar um presidente da Venezuela ou um corpo colegiado que cumpra essas funções para celebrar eleições presidenciais "livres, justas e baseadas no voto universal e secreto". O presidente ou corpo designado pela Assembleia Nacional será imediatamente reconhecido e protegido pelos Estados das Américas, pela OEA e pela comunidade internacional, substituindo plenamente a usurpação hoje exercida por Nicolás Maduro e seu regime.

A "NÃO INTERVENÇÃO" NÃO É PRETEXTO PARA JUSTIFICAR "CUMPLICIDADE"

15 de julho de 2018

O presidente eleito do México, Andrés Manuel López Obrador, e seu chanceler nomeado Marcelo Ebrard, anunciaram seu retorno à "Doutrina Estrada" para conduzir as relações externas com "uma política de não intervenção em assuntos externos que buscará não se intrometer em conflitos como o venezuelano ou o nicaraguense". Posição política equivocada e desconhecimento do Direito Internacional vigente, em cujo contexto, a "não intervenção" e/ou "a autodeterminação" não são pretexto de "cumplicidade com ditaduras de crime organizado".

A Doutrina Estrada deve seu nome ao secretário de Relações Exteriores do México, Genaro Estrada, e foi publicada em 27 de setembro de 1930. Expressa que "o Governo do México não outorga reconhecimento porque considera que esta prática é aviltante, pois, além de ferir a soberania das outras nações, coloca-as em situação de que seus assuntos internos possam ser qualificados em qualquer sentido por outros governos – que, de fato, assumem uma atitude de crítica ao decidir favorável ou desfavoravelmente sobre a capacidade legal de regimes estrangeiros. O governo mexicano só se limita a manter ou retirar, quando julga procedente, seus agentes diplomáticos, sem qualificar anteriormente, nem *a posteriori*, o direito das nações de aceitar, manter ou substituir seus governos ou autoridades".

A Doutrina Estrada se declara fundamentada em: autodeterminação dos povos ou direito de livre determinação, que é o "direito de um povo de decidir suas próprias formas de governo, aceitar, manter e substituir suas autoridades, estruturar-se livremente, sem ingerência externa"; é a "faculdade do povo de decidir por si mesmo"; e na não intervenção, que é "a obrigação dos Estados de abster-se de intervir, direta ou indiretamente, nos assuntos internos de outro Estado com a intenção de afetar sua vontade e obter sua subordinação".

A ordem jurídica internacional está hoje regida – entre outras – pela Carta das Nações Unidas, em vigor desde 24 de outubro de 1945, que tem como propósito "a manutenção da paz e segurança internacionais"; pela Declaração Universal dos Direitos Humanos, adotada em 10 de dezembro de 1948 com o propósito "essencial de que os direitos humanos sejam protegidos por um regime de Direito, a fim de que o homem não se veja compelido ao supremo recurso da rebelião contra a tirania e a opressão"; pela Carta de Bogotá, que cria a Organização dos Estados Americanos em 30 de abril de 1948; pela Convenção Americana sobre Direitos Humanos (Pacto de São José), de 22 de novembro de 1969; e pela Carta Democrática Interamericana, de 11 de setembro de 2001.

A livre determinação dos povos e a não intervenção não são princípios absolutos como se pretendia em 1930, quando foi publicada a Doutrina Estrada, e são aplicados agora no âmbito do cumprimento das "obrigações internacionais", entre as quais é preferencial o respeito aos direitos humanos como a vida, a liberdade, a segurança, a igualdade perante a lei, não ser submetido a torturas, não ser arbitrariamente detido, preso nem desterrado, a liberdade de expressão e de imprensa e muito mais.

A democracia é um direito humano nas Américas: o Pacto de São José começa "reconhecendo o propósito de consolidar neste continente, dentro do quadro de instituições democráticas, um regime de liberdade pessoal e de justiça social fundado no respeito dos direitos essenciais do homem"; o art. 1 da CDI estabelece que "os povos da América têm direito à democracia e seus governos, a obrigação de promovê-la e defendê-la".

Livre determinação é o que justamente NÃO têm os povos submetidos a ditaduras em Cuba, Venezuela, Nicarágua e Bolívia, onde não se respeita nenhum dos elementos essenciais da democracia. Com ditadores que assassinam, massacram, prendem, exilam, extorquem, com o crime como meio para se manter indefinidamente no poder, detentores do poder em narcoestados... acaso López Obrador quer se amparar na superada e anacrônica Doutrina Estrada em relação a Raúl Castro, Nicolás Maduro, Daniel Ortega, Evo Morales e seus regimes, tornando-se cúmplice e acobertador?

BOLÍVIA

EM 21 DE FEVEREIRO, A BOLÍVIA DERROTOU OUTRA VEZ O DITADOR MORALES

25 de fevereiro de 2018

Na Bolívia, em 21 de fevereiro de 2016, o regime fez um referendo para aprovar a reeleição indefinida de Evo Morales com o SIM, no mesmo modelo já imposto em Venezuela, Nicarágua e Equador. Mas a Bolívia disse NÃO, e esse dia entrou para a história como 21F. Assim como ocorreu a Hugo Chávez na Venezuela após perder o referendo em 2007, Evo Morales forjou uma "sentença infame" e seu tribunal constitucional declarou como direito humano simular e manipular sua reeleição indefinidamente. Em 21 de fevereiro de 2018, com uma contundente greve cívica nacional, a BOLÍVIA derrotou outra vez o ditador *cocalero,* exigindo que se cumprisse o NÃO do 21F.

A destruição da democracia na Bolívia está marcada pela derrubada do presidente Sánchez de Lozada em 17 de outubro de 2003. Depois, estabeleceram "anistia" para os conspiradores e golpistas, que passaram a ser acusadores, testemunhas e juízes dos derrubados. Em 2004, usurparam a lei de necessidade de reforma constitucional para falsificar a constitucionalidade de uma "Assembleia Constituinte". Evo Morales jurou à presidência, em janeiro de 2006, por um único período de cinco anos e com expressa proibição constitucional de reeleição contínua. Convocou sua Constituinte e, depois de massacres, assassinatos, prisões, exílios e fraude, em 2009 liquidou a República da Bolívia e impôs o Estado Plurinacional.

Na Constituição do Estado Plurinacional, impôs-se a reeleição consecutiva por uma única vez e de imediato Morales convocou eleições; e em 2009 mesmo jurou como chefe do Estado Plurinacional. Assim, já em 2009 despareceram a divisão e independência de poderes, Morales tomou o controle do Poder Legislativo e designou e subordinou os membros do Poder Judicial e Eleitoral; desapareceu o "estado de direito" com a agenda das "leis infames" (que violam os direitos humanos), como a que permite a "retroatividade da lei" para perseguir dirigentes políticos. Oficializou-se a perseguição política judicializada.

Evo Morales devia entregar o poder em janeiro de 2011, mas com a criação castrochavista do Estado Plurinacional (cópia da República Bolivariana da Venezuela), reelegeu-se consecutivamente pela primeira vez em 2009, com a obrigação de deixar o poder em janeiro de 2014. Com o controle do Poder Judicial, forjou uma sentença que lhe permitiu se reeleger pela segunda vez consecutiva para um terceiro período em 2014, com o falaz argumento de que, "em se havendo criado o Estado Plurinacional em 2009, a eleição desse ano é a primeira, porque a eleição de 2005 na desparecida República da Bolívia não conta".

Com a agenda já executada na Venezuela, no Equador e na Nicarágua, assim que tomou posse do terceiro período presidencial em 2014, Evo Morales sentiu a necessidade de ser reeleito indefinidamente e, para isso, encenou o referendo de 21 de fevereiro de 2016, que, segundo seus cálculos, deveria ser uma vitória fácil antes que o povo sentisse a crise econômica inevitável devido a seu modelo de narcoestado e corrupção.

A derrota no referendo do 21F é, para Evo Morales, a perda de qualquer rastro de democracia. Trouxe consigo a reação generalizada do povo, que, de maneira sustentada e crescente, mais além de partidos políticos ou de figuras de oposição de duvidosa independência do regime, fez do cumprimento do NÃO do 21F um objetivo nacional, defendendo a "recuperação da democracia" e a "restituição da República da Bolívia".

O povo boliviano tornou a derrotar Evo Morales e seu regime neste 21 de fevereiro. A derrota foi tão contundente que o regime inclusive urdiu a utilização de notícias falsas sobre a perseguição política judicializada contra o presidente Sánchez de Lozada.

Evo Morales é apontado pelos bolivianos como ditador e chefe de um governo de fato cada vez mais ilegítimo, com intervenção externa de Cuba e Venezuela. Os esforços do regime se concentram em manipular informação, amedrontar a população, pressionar e subornar dirigentes setoriais, funcionais e regionais para que desmobilizem os cidadãos, e apontar como "inimigo externo o imperialismo dos Estados Unidos" e como "inimigo interno o neoliberalismo e a direita".

Por decisão do povo boliviano, Evo Morales e seu regime são apenas mais uma das ditaduras do castrochavismo que vai caindo.

O MAR, HAIA E OUTRA TRAPAÇA DA DITADURA AO POVO BOLIVIANO

18 de março de 2018

A Bolívia foi privada de seu acesso soberano ao mar, de um grande território na costa do Pacífico e imensos recursos naturais devido à guerra de invasão perpetrada pelo Chile em 1879, afetando o Peru – aliado boliviano –, que sofreu a ocupação de Lima por forças chilenas e a perda de Arica. A reivindicação marítima boliviana é um direito indiscutível, é o mais importante tema de unidade nacional na Bolívia, mas é também o melhor instrumento de manipulação política. Evo Morales e seu regime manipulam o tema do mar em Haia como outra trapaça de sua ditadura ao povo boliviano.

A paz da "Guerra do Pacífico" foi acordada com o Tratado de Paz e Amizade de 1904 entre Bolívia e Chile, e com o Tratado de Lima, de 1929, entre Peru e Chile, cujo protocolo complementar estabelece que "os governos do Peru e Chile não poderão, sem prévio acordo entre si, ceder a uma terceira potência a totalidade ou parte dos territórios que, em conformidade com o Tratado desta mesma data, ficam sob suas respectivas soberanias". Por isso, qualquer solução com acesso soberano ao mar é, para a Bolívia, um tema tripartite com Chile e Peru.

Houve grande número de iniciativas para resolver esse assunto. Diálogos bilaterais e multilaterais, iniciativas acadêmicas e políticas, demandas internacionais, declarações, bons ofícios de organismos e Estados, mediações, abraços de ditadores militares, negociações diretas, reservadas e secretas. O intelectual e presidente boliviano Walter Guevara levantou a tese de uma "Arica trinacional" como solução, uma região compartilhada entre os três países.

Desde 1978 não existem relações diplomáticas entre Chile e Bolívia. A mediterraneidade causa à Bolívia a perda anual de pelo menos 1% do Produto Interno Bruto (PIB), de modo que, em 139 anos, o país está reduzido a menos da metade do que seria com seus portos sobre o Pacífico.

Como ação política de propaganda, com altos gastos, assessores internacionais, grande folha de pagamento nacional e montados na influência do socialismo do século XXI, Evo Morales e seu regime decidiram a utilização castrochavista da reivindicação marítima da Bolívia para sustentar sua imagem deteriorada, encobrir a crise e distrair o povo. Manipulando "o tema sobre o qual nenhum boliviano pode ser contra", abriram um processo em Haia pedindo que a Corte Internacional de Justiça "determine a obrigação de negociar" entre Chile e Bolívia.

A causa marítima boliviana foi reduzida a instrumento político do regime de Evo Morales, que a usa como outro balão de oxigênio para a ditadura no modelo de Maduro na Venezuela. A realidade objetiva assim demonstra:

1. NÃO se demandou a reivindicação marítima da Bolívia. NÃO se aborda o tema de fundo. Só se pede que se "determine a obrigação de negociar" entre Chile e Bolívia, mas, para isso, nunca foi necessário um processo judicial milionário.

2. O objetivo da demanda é bilateral – da Bolívia contra o Chile – sobre um assunto trilateral. Qualquer solução ou demanda deve incluir o Peru, segundo o Tratado de Lima de 1929.
3. E se Haia favorecer a demanda de Morales e o Chile não concordar em negociar? NÃO acontece nada!
4. E se Haia favorecer a demanda de Morales e o Chile negociar, sem resultados? NÃO acontece nada! Negociar não quer dizer entrar em acordo, e muito menos ter mar.
5. Evo Morales, com seu narcoestado, inunda de cocaína o Chile, a Argentina, o Brasil e outros países. A posição do Chile sobre esse assunto é mais do que clara. Acaso Morales renunciará à sua relação de crime organizado transnacional com Venezuela, Cuba e Nicarágua nesta matéria, com caráter prévio ou em uma negociação?
6. O regime manipula esse espetáculo para desmobilizar o repúdio do povo boliviano à perpetuação ditatorial de Evo Morales, não reconhecer o referendo do 21F que disse NÃO mais a Evo, encobrir sua corrupção e simular – com uma peregrinação a Haia – unidade com políticos complacentes, enganados ou recrutados, que, sabendo de tudo isso e muito mais, aderem ao coro do ditador.
7. Evo Morales expressou sua confiança na influência sobre os juízes de Haia por parte de seus aliados de Cuba, Venezuela, Nicarágua, Equador e os países do Petrocaribe, o apoio de Rússia, China, Irã e governos "anti-imperialistas" ou "pró-terroristas", para obter a "ordem de diálogo ou negociação" e apresentá-la como "uma vitória histórica". Estratégia ditatorial pura e simples.

AS *FAKE NEWS* DE EVO

Há pouco tempo, o governo de Evo Morales fez grande alarde para declarar que o ex-presidente Sánchez de Lozada e seu ex-ministro Sánchez Berzaín haviam sido considerados culpados de execuções extrajudiciais. Era *fake news*. O júri, apesar da confusão, havia declarado o contrário. Os advogados dos dois proeminentes bolivianos explicam o que aconteceu e provavelmente o que acontecerá em início de maio quando o juiz ditar a sentença definitiva.

A seguir, a declaração do ex-presidente Gonzalo Sánchez de Lozada e do ex-ministro de Defesa Carlos Sánchez Berzaín:

> Washington, 6 de abril de 2018
>
> O veredicto que o júri emitiu em 3 de abril não é a decisão final do tribunal. O caso continua e a Corte especificamente já havia advertido os demandantes e seus advogados para não proclamar vitória com base no veredicto do júri, uma vez que não é a decisão final. (Transcrição do Processo, p. 41, linhas 4 a 12, 28 de março de 2018.)
>
> Consistente com suas declarações de 28 de março, a Corte não emitiu sentença final em nosso caso. Em vez disso, a Corte solicitou às partes que apresentem por escrito argumentos suplementares a fim de considerar nossa moção de descartar a demanda ou anular o caso, em aplicação da Regra 50 das normas federais de Procedimento Civil. A Regra 50 é uma norma bem estabelecida na justiça americana, que permite a um juiz

anular um caso quando as evidências são insuficientes para sustentar uma decisão razoável do júri em favor dos demandantes.

Nós já expressamos nosso desacordo com o veredicto porque acreditamos que a evidência apresentada é insuficiente para sustentar o veredicto emitido pelo júri:

1. Os advogados dos demandantes já admitiram que não existiram ordens de nossos defendidos para atirar e matar civis desarmados.
2. Não existem evidências de que tenha havido um plano de nossos defendidos para utilizar força letal contra a população civil.
3. O veredicto do júri é inconsistente porque eles mesmos concluíram que as mortes não foram causadas de forma "deliberada ou intencional" por um soldado boliviano (Formulário do Veredicto, Pergunta 8).

Confiamos no processo e acreditamos que o veredicto do júri será deixado sem efeito quando a lei for corretamente aplicada.

Stephen D. Raber
Ana C. Reyes
Williams & Connolly LLP

EM 9 DE ABRIL DE 2018, AOS 66 ANOS DA REVOLUÇÃO NACIONAL

9 de abril de 2019

Vale a pena recordar que o MNR[2] é o *construtor da nação boliviana* e que temos uma grande responsabilidade para com o presente e o futuro da Bolívia.

Antes da revolução nacional, a Bolívia era um país com uma população 70% rural, camponesa, indígena, excluída e analfabeta. O MNR estabeleceu e executou o "voto universal", dando lugar à democracia com a incorporação de toda a população indígena, camponesa, mulheres e setores excluídos; a "reforma agrária", sob o conceito de que a terra é para quem a trabalha, transformando os camponeses e indígenas em proprietários; a "nacionalização das minas", para estabelecer independência econômica; a "reforma educacional", para a formação do boliviano em uma escola única e obrigatória; a diversificação econômica, para incorporar o Oriente (hoje a primeira região em importância econômica) à economia nacional.

Assim, com liberdade, democracia, direito proprietário, educação obrigatória, lutando pela independência econômica e com a participação de todos os setores do país, começou-se a construir a nação boliviana. As mulheres, o camponês, o indígena, o servo rural, o cidadão, o operário, o profissional,

2 Movimento Nacionalista Revolucionário. [N. do R.]

todos os nascidos em território nacional se tornaram bolivianos iguais em um estado de direito, reconhecendo-se uma mesma origem na miscigenação, com unidade na diversidade. A "aliança de classes" é a doutrina com que o MNR combateu a "luta de classes" proposta pelo marxismo.

Com o MNR derrubado em 1964, o processo da revolução nacional foi deformado, adiado, mudaram denominações e atores, mas nunca foi interrompido. Quando Paz Estensoro voltou à presidência, em 1985, deu início a uma segunda etapa da revolução com o "fim da hiperinflação", a "nova política econômica", a "luta contra o narcotráfico" e outras medidas precedidas de seu histórico conceito "Nossa pátria está morrendo".

Em 1993, com a presidência de Gonzalo Sánchez de Lozada, na terceira etapa da revolução nacional, o MNR estabeleceu e executou o "bonosol", uma pensão vitalícia para todos os bolivianos maiores de 65 anos, com recursos da "capitalização social"; a "participação popular", que organizou o país em 329 municípios, designou 20% do orçamento da nação, que, dividido pelo número de habitantes do país, dá um fator que, multiplicado pelo número de habitantes de cada município, proporciona fundos diretamente, permitindo mais participação democrática, obras e serviços; o "seguro universal materno-infantil"; a segunda "reforma educacional"; a "reforma constitucional" com voto aos 18 anos, circunscrições uninominais, descentralização administrativa etc. O fortalecimento do processo foi interrompido com a derrubada de 2003.

Todas as medidas da revolução nacional estão vivas, apenas trocaram seus nomes; debilitaram-nas, mas não conseguiram acabar com elas. A traição ao processo de libertação nacional na Bolívia foi dada pela ação política de Evo Morales, aplicando a ideologia do eixo Havana-Caracas. Acabaram com a "República da Bolívia", substituindo-a pelo "Estado Plurinacional"; trocaram a aliança de classes pela luta de classes e por quanta confrontação pudessem incentivar e propiciar; pretenderam destruir a consolidação da "nação boliviana" com "36 nacionalidades"; acabaram com a democracia e estabeleceram mais um governo das ditaduras do socialismo do século XXI.

Evo Morales pretende acabar com a revolução nacional boliviana para substituí-la pelos fracassados postulados da revolução castrista. A revolução nacional boliviana é patrimônio do povo boliviano e oferece extraordinários resultados contra o castrismo. Os desafios de hoje, na Bolívia, são o retorno à democracia e ao processo de consolidação da "nação boliviana", única, mestiça, diversificada, mas unida, com uma aliança nacional para restituir o estado de direito em uma pátria sem perseguidos, exilados nem presos políticos.

PROVAS SOBRE EVO MORALES E O NARCOTRÁFICO COMO SUA BASE DE PODER POLÍTICO (A BOLÍVIA COM EVO É UMA AMEAÇA PARA O MUNDO)

14 de abril de 2018

A seguir, algumas provas a respeito da notícia registrada no *El Deber* sobre parte do conteúdo da minha conferência no Congresso dos Estados Unidos, no Fórum "Threats to the U.S. in the Western Hemisphere" [Ameaças aos EUA no Hemisfério Ocidental]. Trata-se de prova de conhecimento público e de "fatos notórios":

Esquecemos que Evo Morales é dirigente dos *cocaleros* ilegais da Bolívia? Que comprou o partido MAS[3] (uma facção da Falange Socialista Boliviana) para ter "instrumento político *cocalero*"? Que seu meio de luta é a violência, com seus *cocaleros,* que produziram dezenas de massacres e atos violentos como Sacaba 2001, Cochabamba 2007 etc.?

1. Afirmo que, no ano de 2003, quando derrubaram o presidente Sánchez de Lozada, a extensão de cultivos de coca ilegal na Bolívia era de 3 mil hectares, e a de cultivos legais, de 12 mil hectares. A prova está nos relatórios da ONU e dos EUA de 2004-05, de acesso público e registrados pela imprensa boliviana.

[3] Movimento ao Socialismo. [N. do R.]

2. Afirmo que, agora, os cultivos de coca ilegal na Bolívia são de aproximadamente 50 mil hectares, e que Evo Morales ampliou indevida e injustificadamente os cultivos da coca chamada legal para 22 mil hectares, mediante lei, graças ao controle de todo o poder que tem na Bolívia. A prova está nos relatórios da ONU sobre o crescimento dos cultivos de coca ilegal, no relatório pelo qual os "Estados Unidos anulam a certificação da Bolívia na luta contra o narcotráfico", situando o país entre os "de maior produção e/ou tráfico" (*El Deber,* 15 de setembro de 2017), e na lei da coca promulgada por Evo Morales em março de 2017.
3. Reitero que Evo Morales tem como base de seu poder político os sindicatos *cocaleros* do trópico de Cochabamba, que são sua força política, e que esses *cocaleros,* além de coca ilegal, produzem pasta base de cocaína. O relatório do UNODC[4] revela que 93,5% da coca do Chapare não vão para o mercado legal. A imprensa e os relatórios dos EUA mostram que proliferou a produção de cocaína nessa região, a DEA foi expulsa da Bolívia por Morales, que não reconheceu nenhum acordo de cooperação na luta contra o narcotráfico, pondo *cocaleros* como funcionários de seu estado para fazer cumprir a lei – que não é cumprida. Os sindicatos *cocaleros* respaldam violenta e constantemente o regime e produzem crimes como o massacre de Cochabamba de janeiro de 2007, no qual mataram o jovem Christian Urresti. Os mesmos *cocaleros* dos sindicatos de Evo Morales são parlamentares e funcionários públicos; Evo Morales construiu um aeroporto tão grande quanto desnecessário em Chimoré.
4. Afirmo que o senador Roger Pinto foi perseguido e forçado ao exílio por Evo Morales e seu regime por denunciar tráfico

[4] Escritório das Nações Unidas sobre Drogas e Crime. [N. do T.]

> de cocaína em aviões militares de Chimoré à Venezuela, e agora está morto devido a um acidente suspeito. O escritor Leonardo Coutinho acaba de apresentar seu livro *Hugo Chávez – o espectro,* no qual prova o tráfico de drogas governamental entre a Bolívia de Evo Morales e a Venezuela chavista. René Sanabria, chefe antinarcóticos de Evo Morales, detido quando exercia suas funções, cumpre pena federal nos Estados Unidos por tráfico de 144 quilos de cocaína.

Há muitas provas disso e de mais, por isso a Univision, já no ano de 2011, qualificou a Bolívia governada por Evo Morales como um NARCOESTADO. Há até um *video game* francês da empresa Ubisoft que mostra a Bolívia como narcoestado.

O afirmado na minha conferência no Congresso dos EUA é um brevíssimo resumo da verdade que o mundo observa. É SÓ A REALIDADE OBJETIVA que Evo Morales não pode encobrir com as violações à liberdade de imprensa que implementou na Bolívia.

GONI E SÁNCHEZ BERZAÍN GANHAM CAUSA NOS EUA: JUSTIÇA PARA A DEMOCRACIA NA BOLÍVIA

Washington, 30 de maio de 2018

Com a decisão do juiz termina o julgamento dos difíceis e lamentáveis eventos de setembro e outubro de 2003 que interromperam a democracia na Bolívia. O ditame final do juiz comprovou que o presidente Gonzalo Sánchez de Lozada, o ministro Carlos Sánchez Berzaín e seu governo agiram de acordo com a lei e que nunca tiveram intenção de causar dano a ninguém. Para todos que os acompanharam no gabinete e no governo, esse veredicto confirma o que sempre esteve na consciência deles.

O juiz chegou à decisão depois de estrita análise técnica e jurídica da lei e dos fatos, revisando todas as evidências apresentadas, e se convenceu de que o governo do presidente Sánchez de Lozada e do ministro Sánchez Berzaín defendeu a lei e a vida de cidadãos inocentes. A decisão do juiz demonstra que não houve absolutamente nenhuma evidência que indicasse a existência de um plano ou ordem de utilizar a força letal contra civis. A evidência demostrou que seu governo enfrentou a comoção social em meio a uma grave crise econômica, sempre buscando o diálogo e a resolução pacífica dos conflitos, ao passo que muitos buscavam destruir a democracia.

Contudo, continuamos lamentando a dor e a tragédia que os fatos violentos do ano de 2003 geraram para dezenas de famílias de cidadãos bolivianos. Compartilhamos a esperança de que um dia se saiba e se aceite toda a verdade. Acreditamos que este momento nos oferece uma oportunidade para refletir sobre o que aconteceu, de orar pelos que foram afetados pela violência, e de nos comprometer a que essa tragédia nunca mais se repita.

Durante esse processo judicial, levaram-se em conta as reformas econômicas, políticas e sociais realizadas durante as duas gestões de governo constitucional e democrático do presidente Sánchez de Lozada e do ministro Sánchez Berzaín, em apoio e em defesa das populações mais vulneráveis, indígenas, mulheres, crianças e idosos, alinhados com a tradição histórica de seu partido e em sintonia com sua trajetória pessoal e familiar de serviço à Bolívia.

Esperamos que os resultados deste julgamento não somente recordem a todos a importância da justiça para a democracia, mas que também nos permitam recuperar a confiança nas instituições democráticas. A Bolívia precisa e merece retomar o caminho da liberdade e da democracia.

Stephen D. Raber
Ana C. Reyes
Williams & Connolly LLP

BOLÍVIA, A PÁTRIA PRISIONEIRA: NÃO HÁ ELEIÇÕES NA DITADURA

1 de julho de 2018

Trava-se nas Américas hoje a luta desigual dos povos da Venezuela, Nicarágua e Bolívia para sair das ditaduras criadas e controladas pelo modelo castrista de Cuba, cujo povo nunca deixou de lutar contra a tirania em quase 60 anos.

A luta do povo venezuelano é a mais notável e notória devido à importância do país, que, com seu dinheiro e petróleo, pagou a recriação da loucura castrista devido à magnitude da crise humanitária à qual o ditador Maduro o levou. A luta nicaraguense, quase ignorada nos últimos anos, é hoje crise pela decidida presença do povo nas ruas contra a brutal repressão e os crimes que os ditadores Ortega e Murillo cometem.

A ditadura da Bolívia usa a estratégia de tentar passar despercebida e continuar simulando uma democracia e sucessos econômicos que não existem, como faziam Venezuela e Nicarágua até explodirem suas crises. O ditador Evo Morales força e engana os bolivianos com um processo eleitoral que é só uma cadeia de crimes para se perpetuar no poder. Nesse contexto, e sobre a experiência dos povos de Cuba, Venezuela e Nicarágua, dirijo a meus compatriotas a seguinte mensagem:

> A Bolívia é, hoje, uma ditadura. A observação da realidade objetiva assim o prova. Não há divisão e independência de poderes porque o ditador Evo Morales

> controla todo o poder do Estado, não há vigência do estado de direito porque o ditador se tornou a lei, há perseguição política, não há liberdade de imprensa. Há perseguidos políticos, presos políticos e exilados políticos. NÃO existe a possibilidade de eleições livres, limpas e baseadas no voto universal devido ao controle sobre a identificação pessoal, o sistema eleitoral e até as autoridades eleitorais que o regime exerce, e não há possibilidade de livre associação política.

Por meio de um referendo, em 21 de fevereiro de 2016, a Bolívia mandou Evo Morales não tornar a concorrer às eleições e largar o poder, e para desobedecer a esse mandato popular, colocando-se acima da lei e da vontade popular, o ditador seguiu a agenda do "castrochavismo", da qual faz parte, repetindo o que fez Hugo Chávez na Venezuela em 2008, o que fizeram os Ortega na Nicarágua e o que acaba de fazer o ditador Nicolás Maduro na Venezuela. Com seu tribunal constitucional e seus juízes infames, Morales estabeleceu uma sentença que diz que o habilita para as eleições de 2019 e que simplesmente mostra e prova mais um crime dos tantos que Evo Morales cometeu contra a pátria, contra os bolivianos e contra a liberdade em nosso país.

"O ditador Evo Morales controla todo o poder do Estado."

Por isso, a Bolívia tem hoje um único objetivo, que é recuperar a pátria. Isso significa recuperar a democracia e a República. Recuperar as condições de democracia para que haja eleições livres.

Por isso, aqui do exílio me permito fazer três propostas ao povo boliviano:

A primeira é apontar o ditador como o que ele é. Apontá-lo por sua corrupção, pela crise econômica que está levando a Bolívia no caminho de Cuba e Venezuela, pelos abusos e excessos que comete, que são crimes, porque a ditadura da Bolívia é mais uma das "ditaduras de crime organizado transnacional" agrupadas em torno da Venezuela e de Cuba. E pelo narcotráfico, que faz que, hoje em dia, a Bolívia seja apontada como um "narcoestado" no âmbito internacional.

A segunda proposta é um projeto de unidade nacional, que não tem nada a ver com ideologia, partidos políticos, ambições pessoais, regionais ou setoriais. Trata-se de fazer o que se fez na década de 1970 para recuperar a democracia; primeiro recuperá-la e depois disputar o poder. Formar uma aliança pela democracia que permita à maioria dos bolivianos estar contra a ditadura e derrotá-la.

Em terceiro lugar, ter consciência de que não há eleições na ditadura e que quem fizer o jogo de Evo Morales para 2019 estará se prestando ao jogo da ditadura, e, quando ela cair, essa "oposição funcional" cairá também.

A mensagem é muito clara: não há eleições na ditadura e os bolivianos devem se unir para recuperar a pátria, que hoje é prisioneira.

DEPOIS DA DITADURA: BOLÍVIA, REPÚBLICA PARLAMENTAR FEDERAL

12 de agosto de 2018

Completam-se 193 anos da Declaração de Independência da Bolívia, e os bolivianos sabem que o país está submetido a uma ditadura e se mobilizam para recuperar a democracia; exigem que se cumpra o referendo de 21 de fevereiro de 2016 que disse NÃO ao desejo de Evo Morales de se perpetuar no poder. A ditadura promoveu a divisão nacional, acabou com a República, exacerba o presidencialismo e usa o centralismo como meio de opressão e chantagem. Na derrota à ditadura, é necessário recuperar e unir a nação boliviana, construir a democracia e organizar a institucionalidade com uma nova forma de organização do Estado e um sistema de governo diferente. É tempo de organizar politicamente a sociedade de acordo com a realidade que aponta a Bolívia como "República Parlamentar Federal".

O caudilhismo, o autoritarismo, o clientelismo político, o messianismo e o relativismo no cumprimento da lei são condições culturais bolivianas e latino-americanas que conduzem à instabilidade política e servem de justificativa à aparente solução com um mal maior, que são as ditaduras. A história da Bolívia é um exemplo nítido dessas características que fazem da política a mais necessária e ao mesmo tempo a mais indesejável das atividades.

A ditadura de Evo Morales na Bolívia é um modelo criminoso de intervenção transnacional cubano-venezuelano que instalou no país mecanismos e nomenclaturas com as quais o chamado socialismo do século XXI ou castrochavismo buscou controlar a região. Na Venezuela e na Bolívia, criaram novos Estados e acomodaram outros, como Nicarágua e Equador, para o controle total e indefinido do poder, com leis infames, repressão política judicializada, controle de imprensa, domesticação da oposição, enriquecimento ilícito, narcotráfico e destruição da independência nacional com discurso anti-imperialista.

Assim como em Cuba, Venezuela e Nicarágua, a força é o pilar do ditador Morales na Bolívia. Com uma cadeia de delitos, substituiu a república por um Estado Plurinacional com o explícito objetivo de destruir a "nação boliviana". Com o propósito de destruir a identidade nacional, modificou os símbolos pátrios, mudou o conteúdo da educação, alterou os valores e princípios da república, não deu reconhecimento aos heróis da pátria, revitalizou e multiplicou a luta de classes, de setores, de regiões e culturas. Está em processo de mudar a doutrina das Forças Armadas da nação para transformá-las em forças do regime ditatorial, como em Cuba, Venezuela e Nicarágua.

A corrupção supera a imaginação, a impunidade está institucionalizada e o país é apontado como narcoestado. Morales, que começou com aparência de presidente populista, é dono de tudo, respaldado por uma camarilha de milionários que ele criou com a corrupção, o narcotráfico e suas cumplicidades. Controla todos os órgãos do poder público e o país é seu feudo, que vai entregando a seu arbítrio a poderes estrangeiros. Para tomar o poder e impor o regime, o ditador castrochavista da Bolívia cometeu mais de 20 massacres sangrentos, que encobre atribuindo seus crimes às vítimas. Morales detém o poder há quase 13 anos e pretende exercê-lo indefinidamente.

Na Bolívia não há Estado, não existem instituições, não há direito nem justiça, não existem os freios e contrapesos do sistema presidencialista. Para recuperar a democracia, é preciso entender que se trata da liberdade dos bolivianos e da independência da pátria. É necessário discutir bases que construam a Bolívia da pós-ditadura castrochavista como uma "República Parlamentar Federal".

República é a "forma de organização do Estado cuja máxima autoridade é eleita pelos cidadãos para um período determinado". É o oposto dos governos injustos como o despotismo, a tirania, a ditadura. É "a forma de governo regida pelo interesse comum, pela justiça e igualdade". A "república está fundamentada no império da lei, e não no império dos homens". No conceito de república estão os elementos de democracia, como divisão e independência dos poderes públicos e estado de direito. A Bolívia não é república desde 7 de fevereiro de 2009.

A democracia parlamentar é o "sistema de governo" no qual "a eleição do governo ou poder executivo emana do parlamento ou poder legislativo", que é eleito pelos cidadãos. Tem como vantagens a "maior representação do conjunto social", porque permite mais pluralismo, "maior capacidade de resposta às crises de governo" pelo voto de censura, "maior estabilidade com respaldo político real", e oferece "maior consenso nas decisões". O sistema municipal da Bolívia é parlamentarista, com base na Participação Popular, e funciona com sucesso há mais de 24 anos.

Uma república parlamentar é o Estado organizado como república com o sistema de governo parlamentarista. Separa a função de "chefe de Estado" da de "chefe de Governo", que cumpre as tarefas executivas.

Federalismo é o "sistema político que consiste em promover, desde o Estado Central, a autonomia das regiões, departamentos ou estados, que, em conjunto, formam uma nação". Um "Estado federal" é "uma única unidade composta por várias unidades descentralizadas; com poderes executivos, legislativos e judiciários da federação e das unidades; as unidades não podem abandonar a federação; há dois ordenamentos jurídicos subordinados e há competências exclusivas, compartilhadas e em acordo, da federação e das unidades contribuintes". As funções de relações internacionais, educação e defesa nacional devem ser federais.

A ANISTIA COMO ARMA DA DITADURA É APLICADA NA BOLÍVIA

30 de setembro de 2018

A inexistência de um estado de direito e da divisão e independência de poderes em Cuba, Venezuela, Bolívia, Nicarágua e Equador, com Correa, é o âmbito para a manipulação total do sistema de justiça, que os ditadores transformam em seu instrumento de repressão política, submetendo as vítimas a perseguição, prisão e exílio. O castrochavismo tem no século XXI, como parte central de sua metodologia de controle social, as falácias com aparência de julgamentos contra inocentes, com o propósito de anulá-los ou subjugá-los. Fechando esse círculo de opróbrio, as ditaduras usam a "anistia" como arma para continuar manipulando a vontade individual e popular, como acontece agora na Bolívia.

Anistia é o "perdão a certo tipo de delito que extingue a responsabilidade de seus autores". Trata-se da "eliminação da responsabilidade penal de um delito". A etimologia e o conceito provêm do grego *amnestia*, "esquecimento", "perdão", "sem memória", para determinar o "esquecimento mútuo e geral das coisas passadas", e tem como característica ser "uma norma geral que extingue o delito", diferentemente do indulto, que perdoa só o cumprimento da pena. Com o indulto, a pessoa continua sendo culpada, mas não cumpre a pena; mas, com a anistia, deixa de ter responsabilidade penal. Contudo, a anistia confirma a existência do delito e legitima a acusação, porque, se não existisse delito, não haveria nada a perdoar.

Em Cuba, Venezuela, Nicarágua, Bolívia e Equador com Correa, instituiu-se a prática de o ditador ou seus operadores acusarem cidadãos de delitos cometidos pelo próprio acusador ou sob suas ordens, ou apresentarem acusações por delitos inexistentes ou pela aplicação retroativa de novas leis ou procedimentos da ditadura, que no passado não existiam.

Em incontáveis casos, por meio de discursos públicos registrados na mídia, os Castro, Chávez, Maduro, Correa, Ortega e Morales fizeram acusações contra líderes políticos, cívicos, sindicais, empresários, jornalistas e religiosos, ordenando que fossem julgados, detidos, que tivessem seus bens confiscados e praticamente ditando sentenças que, *a posteriori,* foram cumpridas pelos "juízes infames" do regime com a judicialização da perseguição ordenada.

Os presos políticos, os perseguidos e exilados políticos de Cuba, Venezuela, Nicarágua, Bolívia e ainda Equador são resultado de processos judiciais com acusações manipuladas, sem o devido processo legal, sem presunção de inocência, sem igualdade jurídica das partes, sem juízes imparciais, sem igualdade probatória, sem nenhuma garantia que permita chamar isso de "processo judicial". São NULOS DE PLENO DIREITO.

São encenações macabras do "assassinato da reputação" que as ditaduras de crime organizado perpetram contra potenciais candidatos, líderes e defensores da liberdade e da democracia, com publicidade controlada e imprensa subjugada. Exemplos dessas encenações são os casos contra Armando Valladares, em Cuba; Leopoldo López, na Venezuela; Sánchez de Lozada ou o Hotel Las Américas, ou o Massacre de Porvenir, na Bolívia; os processos pelo 30 de setembro (30S) no Equador e os atuais julgamentos de opositores e manifestantes por defenderem a liberdade na Nicarágua.

Nesse contexto boliviano, com mais de 1.200 exilados políticos, cerca de 100 presos políticos e milhares de perseguidos judicializados, Evo Morales anunciou que outorga anistia aos julgamentos nos quais ele mesmo acusou Carlos Mesa e Jorge Quiroga de corrupção, usando como argumento a reivindicação marítima. Morales está manipulando a reivindicação marítima com sua demanda em Haia para ignorar a decisão do povo boliviano, de 21 de fevereiro de 2016, que impede sua reeleição, e a anistia é uma manobra adicional nesse contexto.

A história apresenta Morales, Mesa e Quiroga bem próximos: a) Mesa outorgou anistia aos conspiradores e autores dos crimes da derrubada de 2003, Morales se ampara nela até agora e Quiroga celebrou publicamente essa ruptura da democracia; b) os três realizaram e aprovaram a falsificação da reforma constitucional de 2004 introduzindo a reforma total com a figura de Assembleia Constituinte, com a Lei 2.631, substituindo o texto da lei de necessidade; c) acabaram com a República da Bolívia com a redação da Constituição do Estado Plurinacional em comissão e, para isso, aprovaram a Lei 3.941, cuja mera leitura prova delitos de "traição à pátria" e outros; d) na Constituição do Estado Plurinacional, introduziram a reeleição consecutiva expressamente proibida pela Constituição da República, que é a que permitiu a perpetuação de Morales; e) Morales, Quiroga e Mesa apresentaram a Constituição do Estado Plurinacional como "de unidade nacional" e a promoveram no referendo de 2009 – que o regime ganhou com fraude, enquanto os povos, dirigentes cívicos, políticos e governadores de seis dos nove departamentos eram massacrados (Hotel Las Américas, Porvenir, Cochabamba, La Calancha e mais), perseguidos, presos e exilados.

O que cabe e o que os injustamente acusados, presos, perseguidos e exilados merecem não é anistia, e sim justiça. Isso só será possível com a reposição da democracia e seus elementos essenciais, estado de direito, divisão de poderes, respeito aos direitos humanos e liberdade de imprensa. O uso da anistia na Bolívia é outra arma das ditaduras em plena aplicação. Quem aceita anistia por delitos que nunca cometeu está legalizando as infames acusações que o regime lhe fez.

O "GOLPE DE ESTADO" QUE OS GOLPISTAS CHAMAM DE "GUERRA DO GÁS"

17 de outubro de 2018

A Bolívia completava 21 anos de seu retorno à democracia em outubro de 2003 com uma situação de violência política extrema em volta da cidade de La Paz, o que levaria à vitória uma conspiração que derrubou o presidente Constitucional Gonzalo Sánchez de Lozada sob a figura de "renúncia forçada". Em fevereiro desse ano, já haviam tentado assassinar o presidente em outra ação golpista de trágicas consequências, e, em agosto, o líder da conspiração, Evo Morales, havia rompido o diálogo propiciado pela Igreja católica advertindo sobre a luta final. Esse processo de conspiração, violência e golpe de Estado foi proclamado pelos golpistas pelo sofisma "a guerra do gás".

Na Bolívia, as crises políticas mudaram com o século XXI. Tornaram-se mais violentas, o conflito aumentou, havia mais manutenção e recursos, mobilizações mais longas e agressivas, voltou o discurso anti-imperialista e anticapitalista, buscava-se a confrontação regional, introduziu-se a confrontação racial, multiplicaram-se as causas de descontentamento, os principais setores de mobilização violenta eram os produtores de coca ilegal/narcotráfico e grupos proclamados indigenistas do planalto com influência guerrilheira do Peru. Era a cartilha do Foro de São Paulo.

Ocorrera uma mudança transcendental: o regime castrista de Cuba (a única ditadura das Américas que até 1999 agonizava em seu "período especial" depois de extinta a URSS) havia recebido recursos com a chegada de Chávez ao poder na Venezuela e havia reativado seu aparato de intervenção, recriando o fracassado plano dos anos 1960 de se expandir na região. A subversão castrista, antes guerrilheira, estava de novo em ação e acabaria liderando o movimento bolivariano, ou Alba-TCP, ou socialismo do século XXI – as "ditaduras do castrochavismo".

Em 2000, produziram a "guerra da água" e o "bloqueio do planalto" contra o governo do presidente Banzer. Em outubro de 2001, Evo Morales, como dirigente dos produtores de coca ilegal, promoveu o "massacre de Sacaba" durante o governo de Jorge Quiroga (que assumiu o poder por um ano com a morte de Banzer). O massacre de Sacaba foi o ataque criminoso de Evo Morales contra soldados desarmados, e, quando os feridos receberam ajuda, os *cocaleros* atacaram as ambulâncias e os mataram; Evo Morales, que era deputado, foi processado por Quiroga por esses crimes e afastado da Câmara dos Deputados a pedido do chefe da oposição Sánchez Berzaín; mas um pacto com o ministro de Governo Leopoldo Fernández – hoje preso político – impediu que Morales fosse para a prisão por 30 anos.

Os atentados terroristas de Onze de Setembro nos Estados Unidos, em 2001, mudaram dramaticamente a situação regional e mundial, pois os EUA voltaram todo seu interesse, recursos e meios para as guerras no Iraque e Afeganistão, deixando de lado os compromissos que haviam assumido e promovido com a América Latina em termos de defesa da democracia, luta contra o narcotráfico e cooperação econômica para o desenvolvimento. Nesse contexto, o golpe de

Estado de outubro de 2003 não foi o primeiro contra Sánchez de Lozada nem contra a democracia boliviana, nem o primeiro na região, uma vez que um presidente havia sido derrubado na Argentina e dois no Equador.

Em janeiro de 2003, Evo Morales organizou bloqueios na região *cocalera* para paralisar o governo e prejudicar o povo, firmou acordos quando foi derrotado e imediatamente voltou a conspirar. A tentativa de assassinato do presidente em fevereiro de 2003 – investigada pela OEA – permitiu debilitar o governo enquanto a conspiração crescia, até que começaram novos atos de violência e força, com o sequestro em massa de mais de mil turistas nacionais e estrangeiros, ocorrido em Sorata, e a subsequente emboscada armada para os turistas e forças policiais e militares que os protegiam na volta a La Paz.

Civis e membros da Polícia e das Forças Armadas foram atacados com armas de fogo, franco-atiradores e dinamite; a cidade de La Paz foi sitiada, as estradas interrompidas. O governo constitucional aplicou a lei para cumprir sua obrigação de proteger o povo, os serviços públicos, as instalações estratégicas e a propriedade privada, e surgiu o nome "guerra do gás" como pretexto, acusando Sánchez de Lozada e seu governo de querer "vender gás ao Chile" e "exportar gás aos Estados Unidos pelo Chile". Com a participação de subversivos peruanos, das FARC, operadores castristas e subversivos locais, os golpistas aplicaram a doutrina de "guerra revolucionária", que instruía "promover mortes para acusar o governo".

Rasgada a democracia, estabeleceram a denominada "agenda de outubro", fixando como objetivos a "Assembleia Constituinte", a "nacionalização de hidrocarbonetos", o "julgamento do governo derrubado", a "liquidação dos partidos políticos tradicionais"... e começou um novo período de fato na Bolívia, com: decretos de anistia para a impunidade dos delinquentes de outubro de 2003, enquanto Evo Morales processava os defensores da democracia, destituindo os promotores que recusaram o julgamento por falta de causa; a lei de reforma constitucional 2631, que falsifica a Constituição política introduzindo a Assembleia Constituinte; a substituição do já ilegal texto da Constituinte pela Lei 3.941; a fraude no referendo constitucional; fraudes eleitorais; o desaparecimento do estado de direito; a tomada de todos os poderes do Estado; a reeleição indefinida de Morales...

Depois de 15 anos, o golpe de Estado que os conspiradores chamam de "guerra do gás" produziu: o regime ditatorial castrochavista de Evo Morales, o desaparecimento da República da Bolívia, mais de 20 massacres sangrentos; mais de 100 presos políticos, mais de 1.200 exilados políticos, o desaparecimento da liberdade de imprensa, centenas de novos ricos, um narcoestado plurinacional, forças armadas que prestam honras ao invasor Che Guevara... mentiras, infâmias e corrupção.

A DITADURA CASTROCHAVISTA DA BOLÍVIA NÃO PODE SER ENCOBERTA

4 de novembro de 2018

O tratamento a Cuba, Venezuela e Nicarágua como ditaduras é real, mas a ditadura da Bolívia está burlando sua natureza em análises, notícias e declarações. Enquanto se afirma o consenso sobre a condição criminosa dos regimes de Castro-Diaz Canel, Maduro e Ortega, a ditadura do dirigente *cocalero* Evo Morales parece passar despercebida. As ditaduras castrochavistas de Cuba, Venezuela, Nicarágua e Bolívia têm as mesmas características, metodologia e agenda, e a da Bolívia não pode ficar encoberta por erro, omissão ou conveniência.

O mais importante esforço de propaganda das ditaduras do socialismo do século XXI, ou castrochavismo, foi e é o de aparentar democracia. A ditadura de Cuba nunca teve opção nessa farsa, mas insiste, tentando apresentar modificações manipuladas de seu estatuto ditatorial como "reforma constitucional". A ditadura da Venezuela perdeu todo o disfarce com a crise humanitária, e a Nicarágua não deixou dúvida acerca de sua condição ditatorial com os assassinatos e violações aos direitos humanos desde abril passado.

Não é que a ditadura da Venezuela exista há um ano e tenha aparecido com as centenas de milhares de migrantes forçados, ou que a ditadura da Nicarágua aconteceu de repente com os crimes contra os protestos iniciados em 18 de abril. Existe ditadura na Venezuela desde que Hugo Chávez fez seu juramento como presidente com a sentença "Constituição moribunda", depois se associou a Castro e concentrou todo o poder. A Nicarágua é ditadura pelo menos desde 2009, quando Daniel Ortega deixou "sem aplicação os artigos constitucionais 147 e 178, que proibiam a reeleição contínua do Presidente da República".

O regime de Evo Morales na Bolívia é ditadura, faz parte da organização criminosa transnacional castrochavista, é uma ameaça para o mundo e viola os direitos humanos e as liberdades dos bolivianos. Provam isso mais de 20 massacres com mais de 100 mortos em Cochabamba, Porvenir em Pando, o Hotel Las Américas em Santa Cruz, Calancha em Sucre, Los Yungas, zonas mineiras e outras. E a perseguição judicializada, com mais de 80 presos políticos e mais de 1.200 exilados políticos certificados pela ACNUR (agência da ONU para refugiados), o ratifica.

Em janeiro de 2019, o ditador Morales completará 13 anos contínuos no poder e foi eleito por cinco anos sem direito à reeleição contínua. Morales falsificou a reforma constitucional de 2004, em associação com Carlos Mesa, para introduzir a "Assembleia Constituinte", sendo que a Constituição da República só permite reformas parciais; com o mesmo grupo de "constitucionalistas de Valência" que operaram na Venezuela, em Cuba e no Equador, falsificou o texto da Constituição aprovado pela já ilegal Constituinte; substituiu a República da Bolívia por seu "Estado Plurinacional"; esvaziou o poder democraticamente constituído mudando o nome das instituições para deixar os magistrados sem cargo; cometeu fraude eleitoral em eleições, referendos e muito mais.

A Constituição do Estado Plurinacional de Morales, vigente desde 2009 – copiando Cuba – consagra a "retroatividade da lei", violando a Declaração Universal de Direitos Humanos.

Evo Morales promove internacionalmente a coca e a cocaína, como em seu discurso na ONU em abril de 2016. Aumentou o cultivo de coca ilegal de 3 mil hectares em 2003 a mais de 70 mil hectares, inunda Brasil, Chile e Argentina com a produção de cocaína e opera uma rede de tráfico oficial com a Venezuela, em aviões militares, como prova o jornalista Leonardo Coutinho em *Hugo Chávez – o espectro*.

Para garantir seu "Estado Plurinacional criminoso", expulsou o embaixador dos Estados Unidos e a DEA, rompendo convênios internacionais antinarcóticos, assim como fizeram a Venezuela e o Equador com Correa. Criou e opera a "Escola Militar Anti-imperialista de Alba-TCP" em Santa Cruz, com instrutores de Cuba e Irã, entre outros. Acabou com a liberdade de imprensa, cujo controle lhe permite continuar vendendo um sucesso econômico falsificado e a "falsa imagem de indígena" que não fala nenhum dos idiomas originários e que reprimiu ferozmente os verdadeiros indígenas do TIPNIS[5] para roubar suas reservas naturais com a expansão de cultivos ilegais de coca.

5 Terra Indígena e Parque Nacional Isiboro-Secure. [N. do T.]

O MAIS RECENTE PRESO POLÍTICO NA BOLÍVIA É UM PEDREIRO DE 26 ANOS

11 de novembro de 2018

Quem insiste em manter a farsa de que o regime de Evo Morales é uma democracia imperfeita, tentando separá-lo das indisfarçáveis ditaduras de Cuba, Venezuela e Nicarágua, tem uma prova a mais do exercício ditatorial de seu protegido com o público aumento dos presos políticos na Bolívia. Um cidadão que gritou "Bolívia disse NÃO" a Evo Morales na cidade de Potosí está detido e sendo processado pelo sistema ditatorial castrochavista. O mais recente preso político na Bolívia é o jovem pedreiro boliviano Moisés Montero Chambi, de 26 anos de idade, que enfrenta até dez anos de prisão por gritar uma verdade estabelecida pela maioria dos bolivianos em referendo constitucional.

Todo 10 de novembro se recorda o aniversário cívico do departamento de Potosí na Bolívia, em homenagem à revolta libertária de 1810. A capital do departamento de Potosí é a Villa Imperial de Potosí, mundialmente reconhecida pela riqueza do Cerro Rico de Potosí, onde se localiza a maior mina de prata do mundo desde o século XVI, fonte de enorme riqueza para a Coroa da Espanha na colônia e importante suporte para a economia da nação.

No aniversário cívico dos departamentos na Bolívia, eles costumam receber a visita do presidente, que anuncia "presentes" para o aniversariante. No regime de Evo Morales, essa prática foi institucionalizada pelo centralismo e estatismo exacerbados, que fazem que toda obra ou gasto públicos passem por decisão, controle e inauguração do ditador, que põe seu nome e exige retribuição política por tais obras, em geral de má qualidade, superfaturadas e frutos de corrupção.

Em 9 de novembro passado, o chefe de Estado chegou à cidade de Potosí, onde um jovem gritou "Bolívia disse não". Por essa razão, o gritão foi imediatamente detido sob a versão inicial de que havia proferido tal frase inaudita e jogado um copo de água e uma sacola com coca em Evo Morales durante o desenrolar da Assembleia Departamental. Depois, a versão oficial retirou o copo de água e a sacola de coca, porque o detido nunca esteve nem perto do ditador.

A Bolívia vive hoje uma crescente crise social e política gerada pela persistência de Evo Morales para se manter indefinidamente no poder. Morales chegou à Presidência da República da Bolívia em janeiro de 2006, com um mandato de cinco anos e sem possibilidade de reeleição contínua, e vai completar 13 anos no poder. Com o modelo castrochavista previamente aplicado na Venezuela com Chávez, praticado no Equador com Correa e em execução na Nicarágua com Ortega, usurpou a Constituição Política do Estado para forçar uma constituinte, produziu mais de 20 massacres sangrentos para assassinar, prender e exilar os defensores da república e, depois de usurpar o texto de sua própria constituinte, produziu em 2009 o "Estado Plurinacional da Bolívia", que lhe permite o controle total.

A Constituição de seu Estado Plurinacional permite a Morales a reeleição contínua por uma única vez, a mesma que ele utilizou imediatamente convocando eleições em 2009 mesmo e se apossando como chefe do Estado Plurinacional em janeiro de 2010 por cinco anos. Mas, em 2014, usou o Tribunal Constitucional, que a ele responde, para que, com uma sentença, autorizasse sua segunda candidatura consecutiva com o seguinte argumento: "Em se havendo fundado o Estado Plurinacional em 2009, a eleição na extinta República da Bolívia não conta".

Com falsificações, massacres, prevaricação e outros delitos, em janeiro de 2015 Morales voltou a prestar juramento como chefe de Estado por mais cinco anos e imediatamente convocou o povo boliviano para que, em referendo, estabelecesse sua reeleição indefinida. O referendo foi realizado em 21 de fevereiro de 2016, e a Bolívia disse NÃO. Deste modo, toda a forçada cadeia de crimes acabou por mandato popular e Evo Morales não pode mais ser candidato para simular vitórias eleitorais com fraude e mais delitos.

Mas, como fez Hugo Chávez e faz Nicolás Maduro na Venezuela e Ortega na Nicarágua, Evo Morales já está em campanha eleitoral para simular sua reeleição em 2019 e, para isso, obteve outra "sentença infame" de seu Tribunal Constitucional, que, acima do mandato popular e de sua própria Constituição, declarou que Morales tem "o direito humano à candidatura indefinida".

Na Bolívia, há cerca de 80 presos políticos e mais de 1.200 exilados políticos, todos acusados e processados pelo sistema de justiça da ditadura que aplica leis retroativamente, não reconhece direito à defesa, é integrado por promotores e juízes que são simples operadores do regime sem imparcialidade nem idoneidade, em uma cópia do sistema castrista que fez da justiça o aparato de repressão e assassinato da reputação dos defensores da liberdade e da democracia.

Nesse sistema é que Moisés Montero Chambi, um cidadão de 26 anos, por gritar BOLÍVIA DISSE NÃO, está imputado de ofício pelo delito de "atentados contra o presidente e outros dignitários de Estado", art. 128 Penal da ditadura, com pena de prisão de cinco a dez anos. É o mais recente preso político, e a ditadura lhe oferece a opção de confessar um delito que não cometeu, pedir desculpas ao ditador, obter uma sentença suave e recuperar a liberdade, ou seguir o caminho dos bolivianos que morreram nas prisões de Morales ou que ainda estão nelas.

BOLÍVIA, FORÇADA AO SUPREMO DIREITO DA REBELIÃO

9 de dezembro de 2018

Aplicando o roteiro de Cuba executado na Venezuela e Nicarágua, Evo Morales acaba de manipular o Tribunal Supremo Eleitoral de seu regime fazendo-se declarar habilitado como candidato para as eleições de 2019 e posteriores, impondo sua reeleição indefinida. Os bolivianos já não têm dúvida de que estão submetidos a uma ditadura, enquanto o regime recrudesce o amedrontamento, o controle político e da imprensa. Está em evidência a falsificação da democracia, e o povo da Bolívia é forçado ao supremo direito da rebelião contra a tirania e a opressão.

O "supremo recurso da rebelião contra a tirania e a opressão" é um direito natural e jurídico reconhecido na Declaração Universal de Direitos Humanos. Aleksandar Marsavelski o resume como o "direito dos povos diante de governantes de origem ilegítima ou que, tendo origem legítima, se tornaram ilegítimos durante seu exercício, que autoriza a desobediência civil e o uso da força com o fim de derrubá-los e substituí-los por governos que possuam legitimidade".

O direito de rebelião foi proclamado por Platão e fundamentado por São Tomás de Aquino. Está incluso na Declaração de Independência dos Estados Unidos, que, depois de proclamar os direitos "à vida, à liberdade e à busca da felicidade", estabelece "que, para assegurar esses direitos, instituem-se entre os homens os governos, cujos poderes legítimos decorrem do consentimento dos governados; que, quando uma forma de governo se faz destruidora desses princípios, o povo tem direito a reformá-la ou aboli-la e instituir um novo governo que se funde nesses princípios...".

O art. 35 da Declaração dos Direitos do Homem e do Cidadão, da Revolução Francesa, expressa que, "quando o governo viola os direitos do povo, a insurreição é, para o povo e para cada uma de suas porções, o mais sagrado dos direitos e o mais indispensável dos deveres". Todas as constituições, ao reconhecer que "a soberania reside no povo e que seu exercício está delegado", fundamentam o direito de rebelião.

O socialismo do século XXI ou castrochavismo aplica a metodologia de usurpar a ordem democrática com leis infames para "violar legalmente" os direitos humanos, as liberdades fundamentais, e cometer todo tipo de crime com impunidade. O que acontece na Bolívia é apenas o fechamento de um processo que começou em outubro de 2003 com a derrubada do presidente constitucional por meio da falácia de defender os hidrocarbonetos, com um golpe de Estado que os golpistas chamam de "guerra do gás". Depois, usurparam a Constituição e liquidaram a República da Bolívia com uma Constituinte inválida.

A proclama da "reeleição indefinida" para Evo Morales culmina um *iter criminis* de 15 anos e se abre outro de duração indefinida e de consequências imprevisíveis. Repetindo Chávez e Maduro na Venezuela e Ortega na Nicarágua, Evo Morales – que chegou ao poder por um período de cinco anos e que deveria ter entregado a presidência em 2011 – vai completar 13 anos no poder e tem tudo já montado para "ganhar eleições preparadas sob medida para ele". E fará isso com uma cadeia de crimes que vão desde a suplantação constitucional, o desaparecimento do estado de direito, a concentração de todos os poderes, o não reconhecimento da vontade popular expressa no referendo de 21 de fevereiro de 2016, até a fraude eleitoral com controle da identificação, registros dos cidadãos, publicidade, imprensa e de todas as autoridades que deveriam ser imparciais, mas que agora integram "o bando criminoso dos seis" a serviço do ditador.

A situação é tão grave que Evo Morales, como "ditador eleitoralista", controla inclusive os candidatos de oposição, mantendo-os em um processo de eleições primárias para consumar o não reconhecimento ao 21F em um ambiente simulado de democracia. Os líderes bolivianos têm o desafio urgente de desativar a farsa eleitoral do ditador, fazendo que os candidatos realmente democráticos abandonem o processo, denunciando sua natureza, pois quem ficar o fará como funcional e cúmplice para legitimar o ditador.

A ditadura de Evo Morales e a intervenção internacional castrochavista de Cuba e Venezuela na Bolívia forçam os bolivianos ao supremo direito da rebelião. "Bolívia não é Venezuela", proclamam, e talvez tenham razão, pois há alguns anos os venezuelanos diziam "Venezuela não é Cuba".

CARTA ABERTA DE CARLOS SÁNCHEZ BERZAÍN AO PRESIDENTE JAIR BOLSONARO

26 de dezembro de 2018

Senhor

JAIR MESSIAS BOLSONARO

Presidente eleito da República Federativa do Brasil

"Regimes que violam as liberdades de seus povos e agem abertamente contra o futuro governo do Brasil por afinidade ideológica com o grupo derrotado nas eleições não estarão na posse presidencial." (Jair M. Bolsonaro)

Senhor Presidente:

Tenho a honra de me dirigir ao senhor com o propósito de lhe pedir que tenha a gentileza de revisar e revogar o convite estendido ao chefe do Estado Plurinacional da Bolívia para sua posse como presidente da República Federativa do Brasil.

Motiva-me o precedente de que convites similares foram retirados aos governantes de Cuba, Venezuela e Nicarágua, e o regime boliviano incorre em violações tão ou mais graves e atua abertamente contra o Brasil e seu futuro governo, conforme passo a recordar.

1. Quanto à violação das liberdades do povo boliviano – em resumo apertado e incompleto –, Evo Morales lidera um regime de crime organizado:

1.1. Extinguiu a Constituição Política do Estado por meio de falsificações e ações de fato, acabou com a República da Bolívia, substituindo-a pelo Estado Plurinacional. Hoje, na Bolívia, os direitos humanos são violados como parte da metodologia de controle político introduzida e controlada por Cuba e Venezuela, não há divisão e independência de poderes, não existe estado de direito, a perseguição política judicializada está institucionalizada e, como consequência, há mais de uma centena de presos políticos e mais de 1.200 exilados políticos (a maioria refugiada no Brasil). Morales realizou mais de 20 massacres, como em Porvenir, Hotel Las Américas, Cochabamba, La Calancha, com 89 assassinatos.

1.2. Eleito por um período de cinco anos sem direito a reeleição consecutiva, em janeiro próximo ele completará 13 anos contínuos como chefe de Estado, com o título de presidente e exercício de ditador. Para governar todo esse tempo, além dos crimes resumidos no ponto anterior, Morales pretende ser candidato nas eleições de 2019 para se prorrogar indefinidamente, ignorando o resultado do referendo que ele mesmo convocou em 21 de fevereiro de 2016, no qual a Bolívia disse NÃO a mais reeleições. Com sentença infame do Tribunal Constitucional e manipulações do Tribunal Supremo Eleitoral – ambos sob seu controle –, Morales se habilitou como candidato. Hoje, na Bolívia, existem mais de 200 cidadãos em greve de fome e há mobilizações populares exigindo respeito ao 21F.

1.3. Transformou a Bolívia em um narcoestado aumentando os cultivos ilegais de coca de 3 mil hectares em 2003 a mais de 50 mil hectares, além de aumentar desnecessariamente a coca legal. Morales é o líder perpétuo dos sindicatos de coca ilegal do Trópico de Cochabamba (Chapare), que são sua base política e que praticamente integraram os cultivos de coca à produção de drogas. O jornalista brasileiro Leonardo Coutinho, em seu livro *Hugo Chávez – o espectro,* documenta a "ponte aérea da cocaína", o tráfico oficial Bolívia-Venezuela e o "narcobolivarianismo" que tem o Brasil como uma de suas vítimas.

1.4. Na Embaixada do Brasil em La Paz, o senador Roger Pinto esteve refugiado por 15 meses – perseguido político do regime de Morales, pela ação humanitária do diplomata brasileiro Eduardo P. Saboia, pôde fugir para o Brasil, onde recebeu asilo político. Roger Pinto morreu exilado em um "acidente aéreo", mas deixou bem clara a violação dos direitos humanos de Morales na Bolívia, inclusive contra um senador em exercício.

2. Evo Morales, além de afinidade ideológica plena com o grupo derrotado nas eleições em que o povo do Brasil elegeu o senhor como Presidente, é parte

do projeto transnacional "Foro de São Paulo", fatos sobre os quais me permito alguns comentários:

2.1. Tudo que mencionei no parágrafo anterior e mais ainda foi feito e se sustenta no âmbito do "Foro de São Paulo" e do eixo "Caracas-Havana", que sob denominação de Alba-TCP, projeto bolivariano, socialismo do século XXI e agora simplesmente "castrochavismo", controlou a América Latina até pouco tempo.

2.2. Evo Morales humilhou as Forças Armadas da Nação da Bolívia reivindicando e fazendo monumentos a Che Guevara, que invadiu a minha pátria, nomeou Fidel Castro como seu "papai", é um declarado seguidor de Hugo Chávez, defensor implacável dos ditadores de Cuba, Venezuela e Nicarágua, e assim procede com os votos e a representação da Bolívia em todos os foros internacionais. Sustenta o programa de "médicos escravos", milhares dos quais estão na Bolívia, e ofereceu publicamente emprego aos que abandonaram o programa Mais Médicos do Brasil.

2.3. No âmbito da corrupção, o escândalo da "Lava-Jato" foi e é cuidadosamente encoberto – até agora – para evitar que apareça o envolvimento de Evo Morales. Só como exemplo, permita-me recordar que Luiz Inácio Lula da Silva promoveu pessoalmente a construção do caminho que viola a reserva indígena e natural do TIPNIS na Bolívia. A pouca informação que a opinião pública boliviana tem sobre o caso da Lava-Jato boliviana provém de casos revelados no Peru. Evo Morales e seu regime são responsáveis pela morte de José María Bakovic, diretor do SNC (Serviço Nacional de Caminhos), a quem acossaram até o túmulo para avançar com a corrupção. É urgente, senhor Presidente, que todas as questões relativas a contratos, superfaturamento, subornos e implicações de funcionários da Bolívia e Brasil, desde que o Partido dos Trabalhadores tomou o governo, sejam públicas, pois, se sua entrega continuar de governo a governo, Evo Morales continuará ocultando-a.

2.4. O aumento da produção de coca e de cocaína como política de Estado do regime de Evo Morales inundou a região de drogas, sendo o Brasil o país mais afetado, devido à sua extensa fronteira com a Bolívia e sua grande população. O aumento na prevalência de consumo de cocaína no Brasil, com o consequente aumento da criminalidade e o enriquecimento de perigosos grupos criminosos, ameaçam a estabilidade brasileira e provêm da produção de drogas no território controlado por Evo Morales, que, por sua vez, sustentou como amigo declarado as FARC da Colômbia, patrocinadas por Cuba, outra fonte de ameaça, tanto direta quanto por meio do eixo em que a Venezuela se transformou.

Sem dúvida, senhor Presidente, o senhor conhece esses fatos e muitos outros. Também sabe que os regimes ditatoriais castrochavistas nas Américas são Cuba, Venezuela, Nicarágua e BOLÍVIA, que com os mesmos mecanismos e crimes, concertados e articulados entre si, oprimem seus povos e ameaçam democracias como a do Brasil.

O povo da Bolívia está lutando por sua liberdade e pela recuperação da democracia. Evo Morales é um ditador que não tem intenção de deixar o poder porque precisa da impunidade e atua sob a estratégia com Cuba, Venezuela e Nicarágua, como prova a recente reunião dos ditadores Castro-Díaz Canel, Maduro, Ortega e Morales em Havana, em 14 e 15 deste mês, sob a cobertura "Alba-TCP".

O fato de três ditadores de Cuba, Venezuela e Nicarágua não serem convidados à posse do presidente democrático do Brasil, e Morales sim, seria um prêmio e um grande benefício para o ditador, que continuará simulando uma legitimidade de democracia que não tem.

Atenciosamente

CARLOS SÁNCHEZ BERZAÍN
Exilado boliviano
www.carlossanchezberzain.com
@csanchezberzain

DEMOCRACIA

CONHECER SUA ESTRATÉGIA, DERROTAR AS DITADURAS E, A SEGUIR, ELEIÇÕES

14 de janeiro de 2018

Há importantes avanços na luta para recuperar a democracia das mãos dos ditadores castrochavistas, mas os regimes cometem e estão dispostos a todo tipo de crime para manter o poder. As condições objetivas permitem conhecer a estratégia das ditaduras, mas é vital recordar que, primeiro, é preciso derrotar as ditaduras para, depois – em uma democracia – disputar o poder em eleições livres e justas.

Devolver a democracia a Cuba, Venezuela, Bolívia e Nicarágua é um problema nacional de cada um desses povos, de cada país, com importantes singularidades locais, mas enfrentam um sistema ditatorial transnacional de crime organizado com base no conceito do "internacionalismo" castrista da década de 1960, recriado e estruturado para violar ilimitadamente os direitos humanos em regimes de fato com uma estratégia uniforme.

Para manter no poder os Castro em Cuba, Maduro na Venezuela, Evo Morales na Bolívia e os Ortega na Nicarágua, aplicam os conceitos de "medo", "força", "identificar e dividir o inimigo interno", "inimigo externo para se vitimizar", "politização e controle de informação". A ditadura cubana faz isso há mais de cinco décadas, não sem sobressaltos e riscos, mas, até agora, sendo bem-sucedida.

O medo é elemento essencial das ditaduras, por isso acabam com o "estado de direito" e o suplantam pelo "direito do Estado", com "leis infames" para perseguir, privar de liberdade, honra e patrimônio os cidadãos, como pretende o Código Penal de Evo Morales, que neste momento o povo boliviano repudia, e como já ordenam as leis de Cuba, Venezuela e Nicarágua em plena aplicação.

A força para sustentar o regime de medo está no controle dos comandos militares e policiais até obter a doutrinação e militância de seus membros, sobre quem também aplicam o elemento do medo, transformando-os em violadores institucionalizados dos direitos humanos e em simples fusíveis, que queimam quando é preciso acobertar o regime, como aconteceu em Cuba com o fuzilado general Ochoa e acontece na Venezuela com o general Baduel e muitos outros. Além de tudo, a força é exercida por grupos irregulares, bandos, especialistas no "internacionalismo castrista", grupos criminosos como as FARC da Colômbia e, se necessário, com a ajuda do terrorismo.

O inimigo interno é a nação, a sociedade, os líderes e grupos políticos, aos quais é preciso dividir, conquistar ou eliminar. Para isso, multiplicam os eixos de confrontação além do político: racismo, regionalismo, gênero, gerações, setoriais, funcionais e tudo que permita dividir a sociedade, suas instituições e pô-las uma contra a outra. Hoje, na Bolívia, a ditadura de Evo Morales, que não reconhece a Nação Boliviana como identidade de todos os bolivianos, está exacerbando a confrontação racial, tentando dividir – com mentiras e medo – o povo que desde a Revolução Nacional de 1952 avançava na unidade na diversidade.

O inimigo externo é o "imperialismo norte-americano" com o qual as ditaduras justificam todos os seus abusos, corrupção e crimes, inclusive o narcotráfico, como fez Evo Morales na ONU. O inimigo externo serve para atribuir aos Estados Unidos todos os resultados funestos do crime organizado, que exerce o poder político, como fazem os Castro há anos e agora Maduro, Morales e seus seguidores.

Toda ação criminal, violadora dos direitos humanos, realizada pela ditadura é "politizada" e apresentada sob o "controle da informação" e da propaganda. Hoje, os regimes de Cuba, Venezuela e Bolívia dizem que "a direita" conspira, paga e quer derrubá-los, atribuindo-se a posição de "esquerda", socialistas e comunistas, sendo que são criminosos "fascistas" cuja única ideologia e objetivo é o controle total e indefinido do poder com enriquecimento ilícito.

Conhecida sua estratégia, está demonstrado que a luta contra as ditaduras não é uma confrontação de direita contra esquerda, porque todos querem recuperar a democracia, como mostra a reorganização do Comitê Nacional de Defesa da Democracia – Conade – na Bolívia, que foi criado na década de 1970 para restaurar a democracia e reativado há poucos dias contra Evo Morales. Todos juntos contra a ditadura e, a seguir, eleições na democracia.

MENSAGEM A LULA E SEUS SÓCIOS: "A LEI AINDA ESTÁ ACIMA DE VOCÊ"

28 de janeiro de 2018

A sentença emitida pelo Tribunal Regional Federal de Porto Alegre, no Brasil, ratificou por unanimidade a culpa de Luiz Inácio Lula da Silva por "corrupção passiva e lavagem de dinheiro" com a Construtora OAS, no escândalo da Lava-Jato, e ampliou sua pena de nove a doze anos de prisão. Em uma mensagem que aplica aos sócios de Lula nos regimes de Cuba, Venezuela, Bolívia, Nicarágua, Equador e outros, o desembargador Leandro Paulsen sentenciou: "Que entendam todos que [...], não importa quão alto você esteja, A LEI ainda está acima de você".

Há estado de direito quando "a lei está acima dos governantes, e não o contrário, e por isso vigora por igual entre todos os cidadãos". A questão é que "qualquer poder seja limitado pela lei, que condiciona não só suas formas, como também seus conteúdos". Um dos sinais da vigência do "estado de direito" é a divisão e independência dos órgãos do poder público, e ambos – estado de direito e divisão e independência de poderes – são elementos essenciais da democracia. Por isso, a decisão dos juízes brasileiros no caso Lula é uma demonstração da força da democracia no Brasil, desejada e até invejada por muitos povos da região.

O aumento da pena de Lula é o "indício" da rede de corrupção estabelecida no Brasil e estendida por todas as

Américas a partir do "Foro de São Paulo" e sua expressão política, o socialismo do século XXI, hoje também conhecido como "castrochavismo". Lula recebeu da Construtora OAS um apartamento triplex no Guarujá, avaliado em 1,2 milhão de dólares, em troca de contratos com a Petrobras durante seu governo, como a Refinaria Abreu e Lima, que Lula inaugurou com Hugo Chávez.

O caso Lula é parte da Lava-Jato, o maior escândalo de corrupção política transnacional, uma rede de crime organizado estabelecida com base no Foro de São Paulo, com fins políticos para enriquecer o castrochavismo, o qual, com esse dinheiro ilícito, manipulou eleições e meios de comunicação, violou e ainda viola os direitos humanos e destruiu a democracia na Venezuela com Chávez e Maduro, no Equador com Correa, na Nicarágua com os Ortega, na Bolívia com Evo Morales, na Argentina com os Kirchner e em vários países do Petrocaribe, sob o controle da ditadura cubana dos Castro.

A investigação da Lava-Jato diz que "membros do governo brasileiro (Lula) estenderam essa rede de pagamentos ilícitos para que as principais construtoras do país obtivessem importantes concessões em toda a América Latina". O caso mais conhecido é o da Odebrecht, mas cerca de 14 construtoras brasileiras estão sob investigação. Esse é o caso da OAS na Bolívia, com obras e contratos promovidos publicamente por Lula e Evo Morales, como a estrada que invade e destrói a área indígena protegida do TIPNIS para ampliar cultivos de coca ilegal.

Condenar Lula é apontar o chefe desse monumental mecanismo de "internacionalização da corrupção" sob a doutrina ditatorial cubana para que "nunca mais lhes falte dinheiro para a ação revolucionária", que não é nada mais que a destruição da democracia. Além de abarcar os regimes da Venezuela com Chávez e Maduro, Nicarágua com os Ortega e Bolívia com Evo Morales – que hoje já são reconhecidos como ditaduras –, tocou e corrompeu praticamente toda a região, como refletem os casos Kirchner na Argentina, Toledo, Humala e outros no Peru, os altos cargos do regime de Correa no Equador, que ainda o protegem, os casos de Panamá, República Dominicana, México e outros.

Os juízes brasileiros determinaram que "há provas mais que razoáveis de que o ex-presidente (Lula) foi um dos articuladores, se não o principal, de uma ampla rede de corrupção". A defesa de Lula não tem nenhuma possibilidade jurídica, por isso focou na politização do julgamento, sem obter efeitos devido à vigência do "estado de direito, à seriedade e independência dos juízes e à contundência das provas". O juiz João Pedro Gebran Neto, membro do tribunal que aumentou a pena de Lula, negou a alegada perseguição do Poder Judiciário expressando que "o Poder Judiciário não pode se guiar pelas consequências políticas deste tipo de julgamento".

CORRUPÇÃO, INGOVERNABILIDADE E DEMOCRACIA QUE FUNCIONA NO PERU

25 de março de 2018

No Peru, Pedro Pablo Kuczynski (PPK) foi eleito no segundo turno como um presidente fraco, sob a premissa de evitar a todo custo que Keiko Fujimori chegasse à presidência, dando lugar a um frágil governo de minoria em um sistema presidencialista.

O Foro de São Paulo, com Lula como chefe, e cerca de 15 construtoras, entre as quais se destaca a Odebrecht, deixaram sua mancha de corrupção em todas as Américas. Esses dois elementos – ingovernabilidade e corrupção – acabam de produzir a queda de PPK, mas, ao mesmo tempo, demonstraram uma democracia que funciona no Peru.

Quase todos os governos da América Latina ficaram expostos com a revelação da corrupção da Lava-Jato. A Odebrecht é uma das empresas brasileiras implicadas na rede criminal do Foro de São Paulo, implementada por Lula com os ditadores Fidel Castro e Hugo Chávez, com bilhões de dólares em subornos. Estão pendentes de investigação contratos, obras, superfaturamento, subornos e corrupção de todas as demais empresas brasileiras suspeitas, como a OAS, Queiroz Galvão, Andrade Gutierrez, Camargo Corrêa, Mendes Júnior, UTC Engenharia e outras.

Houve três tipos de reação dos países comprometidos na Lava-Jato:

1. *Luta contra a corrupção.* Os países com democracia, divisão e independência de poderes, estado de direito e imprensa livre abriram investigações vigorosas e avançaram com decisão. O Brasil destituiu a presidente Dilma Rousseff e condenou à prisão Lula, Marcelo Odebrecht e outros. O Peru processou ex-presidentes e outros, prendeu Ollanta Humala e esposa, buscou e apreendeu Alejandro Toledo – agora forçado a renunciar – por corrupção e mirou em PPK.
2. *Acobertamento parcial ou de alto nível.* Os países em que os implicados controlam – mesmo que relativamente – os Poderes Legislativo e/ou Judiciário, estando no Poder Executivo e/ou na oposição, procederam a investigações parciais, encobrindo os principais autores, como presidentes, ex-presidentes, ministros ou altos cargos, tentando acobertar o assunto com "bodes expiatórios" de mais baixa hierarquia, como se denunciou e se suspeita na República Dominicana, Colômbia, Panamá, México, agora Equador com Lenín Moreno e outros. Ainda existe nesses países a esperança de que não acabe em impunidade.
3. *Acobertamento total.* Nos países controlados pelas ditaduras do castrochavismo, nos quais não existe divisão nem independência de poderes, não há estado de direito, não existe liberdade de imprensa e a justiça é mais uma tecla do regime – que são Cuba, Venezuela, Bolívia, Nicarágua e o Equador de Rafael Correa –, toda investigação foi abafada, mantém-se o acobertamento e a impunidade. Foi denunciada a corrupção com a Odebrecht nas obras do Porto de Mariel envolvendo centenas de milhões de dólares, mas a ditadura de Cuba encobre e cala. Na Bolívia, Evo Morales e seu regime encobrem a denunciada corrupção com OAS, Queiroz Galvão, Andrade Gutierrez e outras, o que, inclusive, levou à morte o diretor do Serviço de Caminhos José María Bakovic.

Para encobrir a corrupção que tocou os mais altos níveis de governo, é preciso muito poder e, como os ditadores do socialismo do século XXI ou castrochavismo o detêm por completo, para eles é – por enquanto – relativamente fácil. Mas os povos sabem que a corrupção é essencial a seus regimes e estão lutando.

Um presidente de minoria como PPK, com uma pequena representação parlamentar, uma oposição forte, em sistema presidencialista, está destinado a não concluir seu mandato ou ao mais épico fracasso por "falta de condições objetivas de governabilidade", como escrevi em 30 de maio de 2016, sob o título "Peru entre Keiko Fujimori e a ingovernabilidade". Essa situação de corrupção e falsidade é insustentável, como provam os fatos.

Uma grave crise de ingovernabilidade mais corrupção pôde ser vencida pela democracia do Peru. A boa notícia é que a democracia peruana existe, funciona, demonstrou institucionalidade, tem estado de direito, denota divisão e independência de poderes. Não houve choque de espadas. Foi uma demonstração de civismo.

O novo presidente do Peru, Martín Vizcarra, continua com o problema de governabilidade, mas, se agregar consenso e não somar corrupção, poderá concluir seu mandato.

COLÔMBIA E A DEMOCRACIA NA AMÉRICA LATINA

5 de agosto de 2018

Devido à sua situação geopolítica e aos desafios regionais, a Colômbia é hoje centro de definição de interesses vitais para as Américas. Sua condição limítrofe com a Venezuela, a produção de cocaína que ultrapassou todos os limites, as guerrilhas narcoterroristas vinculadas à política e a ameaça da delimitada, mas perigosa, organização ditatorial castro-chavista que subjuga Cuba, Venezuela, Bolívia e Nicarágua, são problemas para a Colômbia e para a região. As condições políticas e pessoais do presidente Iván Duque integram um momento histórico que situa a Colômbia diante da responsabilidade de liderar a recuperação e consolidação da democracia na América Latina.

Entre os perigos para as Américas estão o narcotráfico, o terrorismo, o crime organizado e a insegurança dos cidadãos, que são, justamente, as atividades que os regimes castrochavistas de Cuba, Venezuela, Nicarágua e Bolívia promovem, administram e utilizam para se manter indefinidamente no poder.

É reconhecida a condição de narcoestados da Venezuela com Maduro e da Bolívia com Morales, e a atividade narcoterrorista das FARC e outros grupos sustentados e defendidos pelos regimes de Cuba, Venezuela, Nicarágua e Bolívia. A produção mundial de cocaína cresceu exponencialmente com o processo de paz com as FARC na Colômbia, chegando a algo em torno de 200 mil hectares de plantações de coca, e mais de 70 mil hectares com Evo Morales e seus sindicatos *cocaleros* no governo na Bolívia.

Enquanto Evo Morales, em nome do grupo ditatorial, acusava nas Nações Unidas, em abril de 2016, a luta contra o narcotráfico como "instrumento de intervenção do imperialismo norte-americano", o aumento de cocaína na Colômbia e Bolívia inundava de drogas as Américas, disparando a prevalência de consumo em países como Argentina, Brasil, Chile, México, Salvador, Honduras, Guatemala etc., desenvolvendo cartéis, grupos, bandos e outros formatos criminosos, fazendo crescer a insegurança do povo e forçando a migração.

A crise humanitária da Venezuela é um problema para toda a região, com especial pressão na Colômbia, constituída como rota de saída e destino de centenas de milhares de venezuelanos. A migração forçada é incentivada pela ditadura de Maduro, que repete a técnica castrista aplicada reiteradamente em Cuba, com o triplo propósito de debilitar a resistência interna, produzir um fluxo de remessas enviadas pelos exilados e manipular o poder de negociação que adquire com a oferta de conter a diáspora.

O século XXI nas Américas está marcado pela mudança do eixo de confrontação esquerda-direita para ditadura-democracia, com a liderança da América Latina nas mãos de Hugo Chávez e, depois, de Fidel e Raúl Castro. A Cúpula das Américas do Panamá, em 2015, marcou o momento de maior sucesso das ditaduras sobre a democracia – o que vem se revertendo progressivamente com marcos como o retorno da OEA a seus princípios com o secretário Almagro, a vitória de Macri na

Argentina, a destituição de Dilma Rousseff e a prisão de Lula por corrupção no Brasil, os efeitos ainda parciais do escândalo da Lava-Jato, a liquidação econômica da Venezuela, a mudança de política externa dos Estados Unidos em relação a Cuba e as ditaduras, a Cúpula das Américas de Lima de 2018, a restauração progressiva da democracia no Equador com Moreno, e a vitória eleitoral de Duque na Colômbia.

A recente reunião do Foro de São Paulo em Havana é o último e fracassado esforço das ditaduras de Cuba, Venezuela, Nicarágua e Bolívia para tentar manter sua máscara política de "forças de esquerda e progressistas" em um momento no qual a região e o mundo os apontam como sangrentos "regimes de crime organizado transnacional" que violam diariamente os direitos humanos.

A América Latina enfrenta um momento em que o fim das ditaduras é um imperativo inerente à paz e segurança internacionais. A complexidade das batalhas que aguardam vai desde mais sanções, aplicação da Convenção de Palermo, gestões diplomáticas oportunas, ameaças convincentes, até ações coletivas. Essa resolução histórica precisa de uma liderança latino-americana apoiada pelas democracias da região e do mundo, que, por razões geopolíticas e de interesse comum, hoje dirigem o olhar ao novo presidente da Colômbia.

AMÉRICA LATINA, 17 ANOS DEPOIS DO ONZE DE SETEMBRO DE 2001

9 de setembro de 2018

Dois fatos históricos que marcaram o século XXI aconteceram em Onze de Setembro de 2001: os atentados terroristas contra os Estados Unidos cometidos pela rede Al Qaeda (9/11) e a assinatura da Carta Democrática Interamericana pelos Estados membros da Organização dos Estados Americanos em Lima, Peru. Os atentados terroristas, e a reação a eles, provocaram mudanças dramáticas no mundo, enquanto a CDI institucionalizou a democracia nas Américas. Depois de 17 anos, o desafio é reverter os negativos efeitos do 9/11 e acabar com as ditaduras.

O Onze de Setembro nos EUA refere-se aos quatro ataques terroristas suicidas cometidos por 19 membros da rede jihadista Al Qaeda mediante o sequestro de aviões comerciais lançados contra as Torres Gêmeas de Nova York e o Pentágono, tendo sido frustrado o objetivo de atingir o Capitólio. Isso causou 3.016 mortos e mais de 6 mil feridos, dando lugar à política global de "guerra contra o terrorismo", à guerra do Afeganistão e à guerra do Iraque. Mudou o mundo, desde a maneira de pegar um voo comercial até o desenvolvimento tecnológico para prevenir esse tipo de ato criminoso.

Em Lima, Peru, firmava-se a Carta Democrática Interamericana, em um ato histórico que acabou quase ignorado devido à gravidade dos atentados de Onze de Setembro.

O secretário de Estado Collin Powell deixou a Carta assinada antes do ato e voltou correndo a seu país. A CDI é o resultado do período democrático mais estável na região e, quando foi assinada, existia apenas uma ditadura nas Américas – a castrista de Cuba. A CDI estabelece que "os povos da América têm direito à democracia e seus governos, a obrigação de promovê-la e defendê-la", e estabelece os "elementos essenciais da democracia", entre outras normas instituídas como obrigatórias.

A concentração dos EUA na guerra contra o terrorismo e nas guerras do Afeganistão e Iraque trouxe como consequência sua progressiva retirada estratégica da América Latina e a ausência de uma política externa consistente para a região. Com a chegada de Hugo Chávez ao poder na Venezuela e seu imediato acordo com Fidel Castro, a partir de janeiro de 1999 começou o processo de estabilização e salvamento da ditadura de Cuba e a recriação – no início de forma sub-reptícia – da fracassada expansão da revolução cubana nas Américas como "projeto bolivariano". Esses fatos políticos foram ignorados ou minimizados.

Enquanto os EUA retiravam seus programas de cooperação, apoio à democracia, fortalecimento judicial, luta contra a corrupção e inclusive antinarcóticos, e minguavam seus já frágeis meios de coordenação em matéria militar, inteligência e luta contra o crime, na América Latina Hugo Chávez distribuía dinheiro e recursos a rodo, e, com golpes de estado, corrupção, populismo e disfarce de democracia, expandia seu projeto Alba ou bolivariano ou socialismo do século XXI, hoje castrochavismo.

Muitos "especialistas latino-americanistas" estatais e acadêmicos dos EUA e do mundo acreditaram no discurso de "crescimento democrático e de justiça social" na expansão da aliança Chávez-Castro – e o respaldaram; mas o que ocorria de verdade – como provam hoje os resultados – era a construção de regimes ditatoriais violadores da liberdade e dos direitos humanos, narcoestados justificados na luta anti-imperialista e "regimes de crime organizado" que controlam Cuba, Venezuela, Nicarágua e Bolívia, que deixaram o governo – mas não o poder – na Argentina e no Brasil e ameaçam as democracias.

Uma revisão do tempo decorrido do século XXI na região oferece como realidade objetiva um gravíssimo retrocesso em termos de democracia, direitos humanos e liberdade, isso como resultado da bem-sucedida expansão das "ditaduras do socialismo do século XX" ou castrochavistas, que deram lugar a presos políticos, exilados políticos, manipulação da justiça, torturas e assassinatos, massacres, migrações forçadas, narcoestados, crise econômicas e humanitárias. Quatro cubas castristas em vez de uma. Se tomarmos como referência o Onze de Setembro de 2001, constataremos que, 17 anos depois, os problemas são mais graves, as ameaças são mais concretas e a confrontação é real.

A esperança está na luta dos povos de Cuba, Venezuela, Nicarágua e Bolívia para resgatar sua liberdade e democracia, na ação decidida de governos democráticos por sua própria segurança e na aplicação da nova política externa dos EUA, que retorna à defesa de seus princípios e valores, os quais, além de tudo, coincidem com seus interesses na região.

OUTRA DEMOCRACIA EM RISCO: PERU SOB ATAQUE DO CASTROCHAVISMO?

15 de outubro de 2018

Enquanto a luta para recuperar a democracia se concentra nas atrocidades das ditaduras de Cuba, Venezuela, Nicarágua e Bolívia, esses regimes executam um plano de agressão regional para se sustentar. A estratégia ditatorial busca a maior desestabilização dos governos democráticos das Américas mediante o intervencionismo social, político, eleitoral, publicitário e criminal. Trata-se de desestabilizar a democracia onde for possível, e os fatos indicam que, agora, o Peru suporta a aplicação dessa agenda.

Hugo Chávez se associou a Fidel Castro em 1999, quando Cuba agonizava em seu período especial, pois, como Estado parasita, desde a extinção da União Soviética não tinha como sobreviver. Com o petróleo da Venezuela, Chávez salvou a única ditadura que existia naquele momento nas Américas e pôs em andamento a recriação do expansionismo castrista sob denominação de movimento bolivariano, projeto Alba ou socialismo do século XXI, hoje castrochavismo.

O século XXI na América Latina está marcado pela influência, expansão e queda do castrochavismo como sistema de crime organizado que usurpa a política. Com o Partido dos Trabalhadores (PT) de Lula e Dilma no Brasil, o dos Kirchner na Argentina, os dez anos de subjugação da OEA com Insulza, o controle da América Central e do Caribe com o Petrocaribe, e as FARC na Colômbia, estabeleceu-se – entre outras coisas – o maior sistema de corrupção transnacional da história. Isso inclui desde narcoestados e lavagem de dinheiro até contratos de construção de obras financiadas pelo Brasil com empresas brasileiras, manipuladas por Castro, Chávez e Lula, expostas pela Lava-Jato, e o caso Odebrecht.

Depois de ser vítima de guerrilha e terrorismo vinculados ao castrismo, o Peru sempre foi um objetivo do castrochavismo, mas não conseguiram estabelecer um regime como os de Equador com Correa, Bolívia com Morales, Venezuela com Chávez e Maduro, e Nicarágua com Ortega, em que, com discurso populista, usurpando o sistema institucional, com reformas constitucionais e/ou Assembleias Constituintes e referendos, acabaram com o estado de direito e concentraram o poder para mantê-lo indefinidamente.

De alguns governos do Peru o castrochavismo conseguiu voto em organismos internacionais, além de apoio, cumplicidade ou indiferença às violações de direitos humanos e destruição da democracia que Castro e Chávez conseguiram na região. Interferiram na política interna e em processos eleitorais, com resultados relativos. A presença castrochavista na política peruana não foi nem é menor devido à natureza do país e à quantidade de recursos de que dispõe o movimento antidemocrático.

O que o castrochavismo conseguiu no Peru foi envolvê-lo na corruptela da Odebrecht e da Lava-Jato, o que causou a queda do presidente Pedro Pablo Kuczynski. A ditadura cubana, que lidera o castrochavismo desde a morte de Chávez, maneja como máfia o tema da corrupção, pois a usa para encobrir seus aliados leais na própria Cuba, na Venezuela, Bolívia e Nicarágua, onde o caso Odebrecht, a Lava-Jato e outros são encobertos, e a aplica como arma política na região, como fez com PPK.

Nos últimos dias, o cardeal arcebispo de Lima, Juan Luis Cipriani, denunciou que "um poder obscuro e muito forte está lentamente conseguindo todos os cargos e realizando casualidades; alguns ficam tranquilos em casa, outros na prisão". O primado do Peru aponta que "há uma estratégia para fechar o Congresso", que "os ataques fazem parte de uma estratégia que já conseguiu destruir o Poder Judiciário", que "há uma disputa entre os três poderes do Estado", e conclama à defesa da democracia argumentando que "vale a pena exigir, em nome do estado de direito e do bem-estar do país e da população, um pouco de diálogo, e não ameaças, de um lado e do outro".

A destruição da democracia na Venezuela, no Equador, na Bolívia e na Nicarágua, e as tentativas na Argentina, no Brasil e em outros países seguiram a agenda que agora assola o Peru. Atacam o sistema de partidos políticos, acabam com lideranças – que satanizam como tradicionais –, explodem a confiança nas instituições, dinamitam o prestígio da democracia e depois, com manipulação populista, mudam a Constituição e anulam o estado de direito.

JAIR BOLSONARO: UMA CONTRIBUIÇÃO VITAL À DEMOCRACIA NO BRASIL E NAS AMÉRICAS

21 de outubro de 2018

A democracia do Brasil mostrou ser uma das mais fortes. Seu sistema de justiça investigou e processou a corrupção de alcance mundial – Lava-Jato –, com resultados como a prisão do ex-presidente Lula. Seu Poder Legislativo tirou Dilma Rousseff da presidência por meio do *impeachment* constitucional. Há liberdade de imprensa e um sistema eleitoral confiável. Em crise, mas institucionalmente vigoroso, o Brasil indica que seu próximo presidente será Jair Bolsonaro e oferece uma contribuição vital para a democracia no Brasil e nas Américas.

Os resultados eleitorais ratificam como responsável pela crise do Brasil a ação criminosa do PT. Os governos do PT usaram dinheiro do Brasil como crédito para outros governos para que construtoras brasileiras realizassem obras no exterior, com bilhões de dólares de superfaturamento, subornos e outros delitos destinados a expandir e sustentar o grupo ditatorial do socialismo do século XXI ou castrochavismo, como expressão de poder do Foro de São Paulo.

Para estabelecer as ditaduras do século XXI nas Américas, o dinheiro saiu do petróleo da Venezuela malversado por Hugo Chávez. Com a chegada do PT ao governo no Brasil, acrescentaram a corrupção, por meio do sistema de obras revelado com a Lava-Jato e sua denominação mais importante, "Odebrecht". A terceira fonte é o narcotráfico, com as

FARC da Colômbia, os sindicatos *cocaleros* de Evo Morales na Bolívia e redes transnacionais vinculadas ao terrorismo que apontam as ditaduras da Venezuela, Cuba, Bolívia e Nicarágua como narcoestados.

Ao petróleo venezuelano, à corrupção do PT e ao narcotráfico como as três principais fontes de financiamento do castrochavismo, deve-se acrescentar, como suporte direto à ditadura de Cuba, os "contratos de médicos escravos" e de outros títulos que incluem "segurança", implementados no Brasil pelo PT, na Venezuela com Maduro, na Bolívia com Morales, no Equador com Correa, na Nicarágua com Ortega, além de outros países.

Essas são algumas razões pelas quais a propaganda das ditaduras do castrochavismo pinta Bolsonaro como o "diabo". A chegada de Jair Bolsonaro à presidência do Brasil é letal para as ditaduras de Cuba, Venezuela, Bolívia e Nicarágua, pois acelera sua queda e impulsiona a restauração democrática em toda a região.

Bolsonaro prosseguirá internamente com a revelação total da Lava-Jato e da organização criminosa do PT e o Foro de São Paulo, com efeitos maiores na limpeza e renovação das lideranças brasileiras. Está em seu programa a proteção de seu território e população contra a avalanche do tráfico de cocaína proveniente da Bolívia e da Venezuela, para suprimir o dano mortal que causam ao povo e à economia brasileira.

Até agora, a política externa do Brasil em relação ao PT/Odebrecht na região foi entregar a informação de governo a governo e, dessa maneira, os regimes de Cuba, Venezuela, Bolívia, Nicarágua e Equador com Correa continuam impunes, porque os próprios implicados foram os que receberam e controlam a informação. Essa farsa acaba, e os Castro, Maduro, Correa, Morales e Ortega ficam em evidência com o crime organizado que se ampara na política e em governos que, para encobrir seus delitos, esgrimem falsamente os princípios de soberania e autodeterminação.

Os cerca de 13.500 escravos cubanos que servem no Brasil sob o sistema Mais Médicos – ao qual o deputado Bolsonaro sempre se opôs – recebem cerca de um quarto do pagamento que o Brasil realiza. A ditadura cubana se apossa do resto. O plano de Bolsonaro para esse assunto é legalizar os médicos cubanos no Brasil, permitir a migração de suas famílias retidas como reféns em Cuba, cortando as milionárias receitas que o castrismo recebe por esse crime, com efeito direto no PIB cubano.

A contribuição de Bolsonaro – que o candidato do PT não pode fazer – à democracia no Brasil e em toda a América é fornecer informação pública e plena do "sistema de crime organizado transnacional" do PT-Castro-Chávez-Odebrecht até agora encoberta, que implica Castro, Chávez, Maduro, Correa, Morales, Ortega e seus cúmplices; a proteção efetiva do Brasil contra o narcotráfico; e o fim da exploração de médicos escravos cubanos.

FORÇAS ARMADAS

É OBRIGAÇÃO DAS FORÇAS ARMADAS RESTITUIR A DEMOCRACIA?

31 de dezembro de 2017

O ano de 2017 não deixa dúvidas de que existem ditaduras em Cuba, Venezuela, Nicarágua e Bolívia. São regimes, de fato, que se mantêm no poder mediante o uso da força, a repressão violenta e judicializada, com "leis infames" que usurparam o estado de direito. A oposição é inviável e inexistente porque está exilada, presa, sob extorsão, infiltrada e/ou manipulada, sem possibilidade alguma de chegar ao poder mediante eleições, e não existe liberdade de imprensa. Resistência e protestos civis são brutalmente reprimidos. Nessas condições, acaso seria obrigação das Forças Armadas restituir a democracia?

Cuba, Venezuela, Nicarágua e Bolívia são regimes nos quais os direitos humanos são violados com "leis infames" que estabelecem a retroatividade da lei, que penalizam o exercício das profissões livres, que são o mecanismo para impor o medo no povo, com perseguidos, centenas de presos políticos e milhares de exilados políticos. O estado de direito desapareceu devido à institucionalização de fato da permanência indefinida no governo e ao controle de todos os poderes do Estado. As eleições foram reduzidas a um ritual de fraude controlado pelo regime e desapareceu o voto universal e secreto como expressão da soberania popular.

A ditadura de Cuba se esforça para se apresentar sob o ridículo sofisma de "democracia de partido único". Na Venezuela,

Nicarágua e Bolívia, nominalmente existe oposição, por conveniência do regime, mas se trata de uma oposição ameaçada, infiltrada, manipulada e/ou simulada, que não tem possibilidade alguma de chegar ao poder por meio de eleições. E a ditadura a usa para se dar a denominação de democracia, sendo que, na verdade, todos os elementos democráticos essenciais desapareceram.

As características dessas ditaduras do socialismo do século XXI ou castrochavismo são ineficiência, corrupção, participação no narcotráfico, declarado anti-imperialismo com o qual justificam seus vínculos e alianças com o terrorismo, controle de Estado como grupos de "crime organizado" e sua necessidade de permanecer indefinidamente no poder para ter impunidade.

Seus crimes englobam massacres e assassinatos a opositores e cidadãos; manipulação judicial com provas forjadas e falsas acusações; falsificação de normas jurídicas e usurpação constitucional; negociatas no Estado e em empresas; entreguismo e traição à pátria; narcotráfico, com produção de drogas na zona *cocalera* controlada por Evo Morales na Bolívia e as FARC na Colômbia, justificado diante das Nações Unidas como ações anti-imperialistas; falsificação de dados econômicos que deveriam dar fé pública; subjugação de seus povos a condições de fome e miséria; expansão da criminalidade, com acobertamento e/ou participação; crimes de lesa-humanidade; delitos de abusos sexuais, tráfico de pessoas, escravidão etc.

Nesse cenário, Cuba atacou ou permitiu o ataque a diplomatas estrangeiros em seu território; existem quatro "relatórios Almagro" sobre a Venezuela que detalham o exercício ditatorial de Nicolás Maduro; os juízes infames de Evo

Morales reconheceram como direito humano do ditador reeleger-se indefinidamente; os Ortega eliminaram a oposição e controlam o poder *ad aeternum*. Em Cuba, Venezuela, Nicarágua e Bolívia não se investiga a corrupção da Odebrecht e de outras empresas brasileiras que, com base no modelo do Foro de São Paulo com Lula-Dilma, expandiram o suborno na região; todos esses países estreitam relações com regimes islâmicos, buscam alianças com outras ditaduras e defendem a Coreia do Norte.

Os povos de Cuba, Venezuela, Nicarágua e Bolívia caíram em "estado de indefensabilidade". As Forças Armadas, que deveriam ser "Forças Armadas da Nação", ou seja, do povo, sujeitas à Constituição, transformaram-se em "Forças Armadas do regime", ou seja, o braço armado das ditaduras devido ao entreguismo e à corrupção de seus comandos. Elas mantêm a "Escola Militar Anti-imperialista do Alba-TCP" em Santa Cruz, Bolívia, e trocaram todos os currículos dos colégios e institutos militares para substituir a doutrina militar nacional pela doutrina política do regime. O objetivo é que as Forças Armadas da Venezuela, Nicarágua e Bolívia sejam, no prazo mais curto possível, como as de Cuba: simplesmente grupos armados do regime.

Na democracia, a subordinação e lealdade das Forças Armadas é devida à Constituição, mas, se o governo usurpa a constituição e oprime o povo, a subordinação e a lealdade das Forças Armadas NÃO podem permanecer obsequentes ao regime. Qual é o papel das Forças Armadas em situações como as de hoje em Cuba, Venezuela, Nicarágua e Bolívia? É obrigação das Forças Armadas defender o povo – do qual fazem parte – ou a ditadura? As Forças Armadas têm a obrigação de restituir a democracia?

Essas são perguntas dos cidadãos e povos subjugados de Cuba, Venezuela, Nicarágua e Bolívia. É um assunto social, político, acadêmico e internacional sobre o qual é preciso discutir sem complexos que deem vantagem aos ditadores. Não se trata de incentivar golpes de Estado, e sim de anular os golpes que os ditadores já perpetraram. Não se trata de estabelecer governos militares, e sim de restaurar governos civis com democracia, estado de direito e alternância no poder. Não se trata de violar os direitos humanos, e sim de pôr fim às violações que os ditadores cometem diariamente e de repor os direitos e garantias fundamentais de povos oprimidos pela força.

AS DITADURAS CASTROCHAVISTAS SÓ DEIXARÃO O PODER PELA FORÇA

22 de julho de 2018

Os regimes de Cuba, Venezuela, Nicarágua e Bolívia estão organizados para permanecer indefinidamente no poder, contra a vontade de seus povos e ignorando o repúdio internacional. Derrotados pela vontade do povo, encurralados por protestos populares, com crises que eles mesmo criaram, imersos em corrupção e narcotráfico, sua gestão é uma cadeia diária de crimes que executam e encobrem usando o poder político. Os ditadores castrochavistas já há muito tempo enviam uma inequívoca mensagem: que deixarão o poder somente da maneira como o exercem – pela força.

Nenhuma ação política ou democrática interna ou externa conseguiu mudança alguma na decisão dos regimes do castrochavismo de manter o poder *ad aeternum*. Os Castro e seu entorno em Cuba são os chefes do sistema transnacional montado desde que Hugo Chávez entregou o petróleo e a riqueza da Venezuela, que usaram para se empoderar, obtendo as ditaduras de Nicolás Maduro na Venezuela, Daniel Ortega/Murillo na Nicarágua e Evo Morales na Bolívia. Perderam influência e sofrem o impacto do retorno à democracia no Equador.

A ditadura de Cuba é o caso mais destacado e trágico, com seus quase 60 anos de opróbrio, que agora tenta se potencializar de novo com a farsa de uma "reforma constitucional" – sem participação do povo. Os detentores do poder em Cuba estão achando conveniente para seu objetivo de reter o poder indefinidamente o fato de reconhecer algum tipo de propriedade privada e tirar a palavra "comunismo" de seu texto, entre outros sofismas que sustentam por meio da força.

A ditadura da Venezuela acredita que estão consolidadas suas manobras de "assembleia constituinte" e "reeleição do ditador" realizadas sem participação do povo. Suporta uma crescente pressão cidadã; Maduro se mantém no poder de fato, apesar de sua destituição ordenada pela Assembleia Nacional. O número de presos políticos aumenta com a detenção de militares, e o ditador executa agora o velho *show* cubano sessentista de "preparar o povo para uma invasão imperialista". Grupos de paramilitares do regime semeiam terror e realizam execuções extrajudiciais.

A ditadura da Nicarágua, só nos últimos três meses, assassinou mais de 350 pessoas, feriu mais de 1.200, prendeu e exilou centenas. Para manter o poder, usa o manjado recurso do "diálogo", que manipula à sua conveniência enquanto realiza "operações de limpeza" contra os defensores da liberdade, com paramilitares encapuzados que torturam, matam e semeiam o terror, e Ortega/Murillo se declaram vítimas de um "golpe de Estado", sendo que o país inteiro pede que vão embora.

A ditadura da Bolívia acaba de ser reconhecida por ter transformado o país "na maior economia informal do mundo". Enfrenta crescentes protestos populares para que cumpra o referendo de 21 de fevereiro de 2016, no qual Evo Morales perdeu sua pretensão de se reeleger indefinidamente, mas que ignora com uma sentença de seus juízes, que declararam como "direito humano" do ditador candidatar-se e cometer fraude *ad aeternum*. Grupos de encapuzados apareceram na Bolívia declarando-se defensores de Evo Morales e de seu "processo de mudança", ameaçando os cidadãos que defendem o "21F NÃO é NÃO". O ditador Morales pediu que se "tirem a pontapés os defensores do 21F e que seus paramilitares e *cocaleros* estejam de prontidão".

A saída do grupo ditatorial do Equador é atribuída ao "erro" de Correa de não se reeleger indefinidamente e apresentar como "candidato controlado" Lenín Moreno, que acabou liderando o retorno à democracia, agora em curso. O presidente Moreno convocou referendo e consulta popular, que suprimiu a reeleição indefinida e está desmontando o sistema de "repressão política judicializada". Acusou a ditadura da Nicarágua pelos atos criminosos que ela cometeu, chamou seu embaixador na Bolívia para conversar e anunciou que não enviará embaixador à Venezuela.

As ações e a estratégia dos ditadores de Cuba, Venezuela, Nicarágua e Bolívia para se manterem para sempre no poder são as mesmas; os fatos demonstram que é "um plano de força", no qual o crime é o instrumento fundamental, e o terror e violência, suas ferramentas. Castro, Maduro, Ortega/Murillo e Morales exercem o poder pela força e estão dizendo ao mundo que só o deixarão pela força.

APÊNDICE

ABAIXO AS DITADURAS, PORQUE EM DEMOCRACIAS SITIADAS, É IMPOSSÍVEL UM BOM GOVERNO

CARLOS SÁNCHEZ BERZAÍN

12 de dezembro de 2021

A Cúpula pela democracia organizada pelo presidente dos Estados Unidos, o Seminário Internacional com Mario Vargas Llosa, a Organização dos Estados Americanos e as análises da situação atual concordam que as democracias estão ameaçadas pelo autoritarismo. Nas Américas, a permanente desestabilização das democracias vem da ditadura cubana expandida para Venezuela, Bolívia e Nicarágua, o socialismo do século XXI, ou, o chamado castrochavismo, temática defendida neste livro. Enquanto essa agressão não parar, o cerco das democracias impossibilita um bom governo.

O presidente dos Estados Unidos, Joe Biden, abriu a Cúpula da Democracia dizendo: “Devemos nos unir para rejeitar o autoritarismo”. Mario Vargas Llosa encerrou o Seminário Internacional sobre a relação entre os Estados Unidos e a América Latina apontando que “Todo o continente está ameaçado”, referindo-se à expansão das ditaduras dos países latinos. O Conselho Permanente da OEA aprovou com 25 votos a resolução sobre a Nicarágua, que reconhece o descumprimento da Carta Democrática Interamericana e exige a libertação imediata dos presos políticos daquele país.

O eixo de confronto regional é entre aqueles que defendem a liberdade e os direitos humanos e aqueles que os submetem e os violam; entre aqueles que garantem a validade da lei pelo Estado de direito e aqueles que tomam a lei para oprimir os povos; entre os que respeitam o sistema de separação e independência dos poderes públicos e os que concentram todo o poder para fazer presos políticos e exilados; entre aqueles que entendem o exercício do poder como um mandato temporário com responsabilidade essencial e aqueles que o detêm indefinidamente para garantir a impunidade de seus crimes.

O confronto de hoje é entre democracia e ditadura, duas formas antagônicas, pois as ditaduras, por meio da violência e do sistema de crime organizado transnacional, utilizam a agressão permanente para se sustentar, ampliar e anular a liberdade.

Os agressores têm organização, nome, metodologia e mecanismos de atuação criminosos, mas operam fingindo que são uma ideologia e uma democracia permitidas. Esses agressores são o castrochavistas: usam os métodos do castrismo. Seus mecanismos são o Fórum de São Paulo, grupos guerrilheiros e criminosos, como as Forças Armadas Revolucionárias da Colômbia (FARC) e o Exército de Libertação Nacional (ELN).

O castrochavismo, ao longo do século XXI, usou e ainda usa os elementos e as liberdades da democracia para ganhar o poder por meio de eleições e, quando tem poder, destrói sistematicamente as instituições democráticas e as suplanta com seu sistema ditatorial, como aconteceu nos países latinos que adotaram esse sistema e, como se pretende agora, no Peru. Mas para ganhar eleições em uma democracia, ataca a liderança, os partidos e as organizações políticas, assim como sabota qualquer possibilidade de boa governança por meio de conspiração e desestabilização permanente.

A metodologia de conspirar e desestabilizar para não deixar governar pode ser observada nos casos do golpe fracassado de 2019 contra o presidente Moreno no Equador, no caso do Chile, levado a uma assembleia constituinte, no caso da pressão constante e do golpe de Estado de ação prolongada exercido na Colômbia, nos fracassos das supostas transições na Bolívia e na Venezuela e muito mais.

Quando um presidente e um governo democráticos tem que gastar o seu tempo se defendendo contra conspirações, manifestações, mobilizações, pressões violentas, acusações, múltiplos atos de sedição permanente bem operados e financiados, não há como governar. O resultado é violência e descontentamento.

Por interesse próprio, os líderes das democracias devem passar de apenas dar declarações a colocar em prática uma estratégia concreta e esperançosamente coordenada para "acabar com as ditaduras" que os assolam e que podem acabar destruindo seus países, como já aconteceu na Venezuela, Bolívia, Equador e Nicarágua. Basta olhar para as evidências para entender que uma boa governança não é possível em uma democracia sitiada.

Esta obra foi composta em *Adobe Garamond Pro* e
impressa por Gráfica Exklusiva sobre papel *Pólen Natural* 70 g/m² para Editora Hábito.